火災調査マイスターが伝授!!

事例でわかる
火災調査書類の書き方

調査実務研究会　編著

東京法令出版

はしがき

　火災調査を担当する皆様は、実況見分で、焼けの方向性や焼き状況から出火箇所を推定し、当該箇所から発火源を発掘する作業は興味深く実施されていることと思いますが、その後で、実況見分の結果、関係者への質問に対する供述内容、火災の原因判定等あらゆることを文書にする火災調査書類の作成は、事務量も多く苦労されていることと思います。

　そして、火災調査書類の作成については、一朝一夕ではいかず、各書類の作成目的を理解することはもちろん、書類ごとに必要な内容を記載する必要があります。

　一方、火災調査を取り巻く環境は、電化製品の進化、生活の多様化から過去に経験のない原因による火災が発生するなどしており、火災調査は複雑多岐にわたっているほか、火災調査書類は、情報公開制度の時代背景、市民の価値観の多様化と過失割合の考え方等により、市民に開示されることや裁判の場においても証拠とされることが増えています。

　このように火災調査書類は公開されることを前提として、火災現場の客観的事実を正確に記載するとともに、原因の判定では消防職員としての考察を加え、かつ、整合性のとれた火災調査書類を作成することが大切になります。

　そんな中、団塊世代の大量退職を迎え、多くの火災を経験した先輩職員から、火災調査のための現場の見方、火災調査書類の作成について、その技術、方法をどのように受け継いでいくかが課題になっています。

　本書は、火災調査書類の書き方について、当研究会が多くの先輩職員から学んだことと、永年火災調査業務で経験してきたことを火災調査の経験が少ない職員へ伝承するため、『月刊消防』で平成18年10月から平成19年11月までに連載した内容に加筆したほか、火災事例の写真をカラーにして、現場の状況をより理解しやすくしました。

　読者の皆様の火災調査書類の作成に微力ながら役立てていただければと思います。

　最後になりますが、火災現場での実況見分や質問調書を録取する際には、事務的でなく、り災者の立場に立った思いやりのある火災調査を心掛けていただくことをお願いするとともに、読者の皆様の御活躍を祈念いたします。

　そして、全国の多くの消防職員が苦労している火災調査に関する内容を取り上げていただき、御指導と御協力をいただいた『月刊消防』及び本書の編集担当者の皆様に、この場を借りて御礼申し上げます。

平成20年10月

調査実務研究会

目　次

第1章　火災調査書類

- 🔥 はじめに ………………………………………………………………… 2
- ❶ 火災調査書類 …………………………………………………………… 3
  - 1　火災調査書類の種類 ………………………………………………… 3
  - 2　火災調査書類の作成目的 …………………………………………… 3
    - (1)　火災調査書 …………………………………………………… 3
    - (2)　火災原因判定書 ……………………………………………… 4
    - (3)　実況見分調書 ………………………………………………… 4
    - (4)　質　問　調　書 ……………………………………………… 5
    - (5)　火災状況見分調書 …………………………………………… 5
    - (6)　死者調査書・負傷者調査書 ………………………………… 5
  - 3　火災調査書類の記載項目 …………………………………………… 6
    - (1)　火災調査書 …………………………………………………… 6
    - (2)　火災原因判定書 ……………………………………………… 6
    - (3)　実況見分調書 ………………………………………………… 8
    - (4)　質　問　調　書 ……………………………………………… 10
    - (5)　火災状況見分調書 …………………………………………… 11
- ❷ 火災調査書類の様式の例 ……………………………………………… 12
  - 1　火災調査書 …………………………………………………………… 12
  - 2　火災原因判定書（2・3号処理） ………………………………… 14
- ❸ 火災調査書類の記載例 ………………………………………………… 16
  - 1　実況見分調書 ………………………………………………………… 16
  - 2　質　問　調　書 ……………………………………………………… 20
  - 3　火災状況見分調書 …………………………………………………… 24
  - 4　死者が発生した火災における実況見分の留意事項 …………… 29
  - 5　焼損建物が複数棟認められる火災について（実況見分調書）… 31
- ❹ 火災原因判定書における出火建物の判定の記載例 ………………… 37
  - 1　実況見分調書 ………………………………………………………… 38
  - 2　発見者の供述 ………………………………………………………… 39
  - 3　火災状況見分調書 …………………………………………………… 39
  - 4　結　　論 ……………………………………………………………… 39
- 🔥 おわりに ………………………………………………………………… 40

第2章　火災事例

事例①　建物火災（微小火源火災） ……………………………………… 44
1　出火時刻と出火場所 ………………………………………………… 44
2　り災程度 ……………………………………………………………… 44
3　関係者 ………………………………………………………………… 44
⑴　火元者 ……………………………………………………………… 44
⑵　所有者 ……………………………………………………………… 44
⑶　通報者 ……………………………………………………………… 44
4　実況見分における調査方針 ………………………………………… 44
5　現場写真 ……………………………………………………………… 46
6　火災調査書類 ………………………………………………………… 48
⑴　質問調書 …………………………………………………………… 48
⑵　実況見分調書 ……………………………………………………… 54
⑶　火災原因判定書 …………………………………………………… 68

事例②　建物火災（電気火災） ……………………………………………… 81
1　出火時刻と出火場所 ………………………………………………… 81
2　り災程度 ……………………………………………………………… 81
3　関係者の供述の概要 ………………………………………………… 81
⑴　発見・通報・初期消火者 ………………………………………… 81
⑵　管理者 ……………………………………………………………… 81
⑶　清掃業者 …………………………………………………………… 81
⑷　電気工事会社 ……………………………………………………… 81
4　出火原因 ……………………………………………………………… 82
5　火災調査書類 ………………………………………………………… 82
⑴　実況見分調書（第1回） …………………………………………… 82
⑵　実況見分調書（第2回） …………………………………………… 94

事例③　建物火災（ガス燃焼器具） ……………………………………… 102
1　出火時刻と出火場所 ………………………………………………… 102
2　り災程度 ……………………………………………………………… 102
3　関係者の供述の概要 ………………………………………………… 102
⑴　火元者（発見者、初期消火者） ………………………………… 102
⑵　通報者 ……………………………………………………………… 102
4　出火原因 ……………………………………………………………… 102

	5　火災調査書類	103
	(1)　実況見分調書（第1回）	103
	(2)　火災原因判定書	117

事例④　車両火災 ·· 123

	1　出火時刻と出火場所	123
	2　り災程度	123
	3　関係者の供述の概要	123
	4　出火車両	123
	5　出火原因	123
	6　火災調査書類	123
	(1)　実況見分調書（第1回）	124
	(2)　実況見分調書（第2回）	136
	(3)　実況見分調書（第3回）	147
	(4)　火災原因判定書	156

参考資料

❶	火災の原因で上位を占める「こんろの使用放置」の火災原因判定書の例	162
❷	実況見分調書で使用する各材質の燃焼による変化を表現する主な用語	165
❸	代表的な消防図式記号	166
❹	屋根の形状	168
❺	木造住宅の各部の名称	169
❻	車両の部品名	173

第1章
火災調査書類

はじめに

　消防機関は、消防法第7章に基づき、消火活動をするとともに、火災調査を実施することをその責務としています。

　火災調査は、原因の究明、延焼拡大の要因、消防用設備の作動状況及び死傷者の発生原因を明らかにする等により、以後の火災予防対策に資するほか、火災による損害の程度を数値化し、火災の恐ろしさを訴えて、火災を予防するとともに警防対策の向上に資するものです。

　一例として、住宅火災による死者の発生が急増していることを受け、消防庁は、住宅用火災警報器の新築住宅への設置を義務付ける等の法令を整備したほか、平成18年3月「平成17年（1月～12月）における住宅火災による死者数の急増を踏まえた緊急的な住宅防火対策の実施について」により、住宅防火対策の徹底を図るよう通知していますが、これは、住宅火災の死者の約6割は逃げ遅れによるものである等の各消防本部の火災調査結果を受けたものであり、このように火災調査の結果は、火災予防行政の施策に大きく影響を与えています。

　一方、近年、火災の調査結果は、以後の火災の予防等に資するだけでなく、火災の原因についての過失の有無や出火箇所（発火源）の責任問題について、当事者間での争点となるほか、刑事裁判の証拠資料とされることもあり、市民や出火建物の工事関係者等からの開示請求及び火災調査結果に関する弁護士会等からの照会が増加しています。

　また、全国放送のテレビ番組でも火災の原因に関する裁判について放映される等、社会的にも火災調査結果が大きく注目されており、火災調査書類も消防本部の内部資料として活用されるだけでなく、外部に公開される機会が増えています。

　さらに、平成18年に入ってからは、少年、少女による放火事件が相次いで発生し、火災原因に関する市民の関心は、ますます高まっています。

　このような火災調査を取り巻く社会情勢のなかにおいて、火災調査書類の書き方等について、特に、火災調査の経験が少ない調査員の皆さまの参考になればと、私の経験や体験談をもとに執筆させていただきました。

　内容は、火災調査書類の種類、目的、記載事項、様式例等についての説明と火災事例を取り上げ、当該火災の概要説明、当該火災における調査のポイントや各調査書類作成時の注意事項等について、火災調査の経験が少ない職員の起案文に若干のアレンジを加え、間違いやすい箇所等を具体的に説明させていただいています。しかし、火災調査で最も大切なのは、現場に残された客観的事実を正確に見分し見極めることであり、次いで、関係者の供述をいかに正確に録取できるかである、と私は考えています。

　そこで、私の20年にわたる火災調査の経験から生まれた、現場の見方（実況見分要領）、質問調書の録取及び損害調査等を実施するうえでの注意事項等についても、必要に応じて、

その都度説明させていただいています。

　なお、火災事例で取り上げる火災調査書類の内容には、個人に関する情報が多く含まれていることから、出火時刻、発生場所等は必要最小限の内容として、当該火災が特定できないようにするほか、火元者、発見者、通報者及び初期消火者等の個人に関する情報のうち、著しくプライバシー保護上で問題のある部分は、私の判断で一部フィクションとさせていただきますので、ご了承ください。

火災調査書類

1　火災調査書類の種類

　火災調査書類は、数種類の様式の違う書類からなり、その書類ごとに目的をもっています。

　各本部により書類の名称や様式が違うこともありますが、ここでは、K市消防局で使用している火災調査書類の様式を使用して説明しています。

　なお、K市消防局の様式は、平成7年6月5日付、消防予第121号「火災原因調査体制の整備・充実について」のなかで定められている火災調査書類の雛型を基準に、平成14年3月と15年7月4日に改正したものです。

　主な調査書類の名称は次のとおりです。

> 火災調査書、火災原因判定書（1号処理）、火災原因判定書（2・3号処理）、実況見分調書、質問調書、火災状況見分調書、建物・収容物損害明細書、車両（船舶・航空機）・その他の損害明細書、死者調査書、負傷者調査書、鑑定（試験）嘱託書、鑑定（試験）書、延焼拡大の状況、消防用設備の状況等

2　火災調査書類の作成目的

　火災調査書類のうち、主な書類の作成目的を説明します。

(1) 火災調査書

　火災調査書は、火災原因判定書、実況見分調書、質問調書、損害明細書等の内容を集約して一つにまとめ、火災となった対象物（建物、車両、工作物）の総括的内容を網羅して、火災前の状況が分かるようにすることと、火災調査の結果（原因と損害程度）の概要が分かるようにすること、さらには、火災報告（火災報告取扱要領に基づく）を作成する資料として活用することを目的とします。

　火災調査書の作成者は、ほかの火災調査書類を基に作成するものであることから、特

に制限はないと考えます（火災調査書に必要な内容は、火災原因判定書、損害明細書等に網羅されている必要があります）。

(2) 火災原因判定書

　火災原因判定書は、客観的事実を記載した実況見分調書等の各見分調書、火災の火元者、発見者、通報者等から録取した質問調書の内容及び鑑識、実験結果による事実に対して、消防職員としての考察を加え、火災に至った経過を合理的に記述し、その結論をまとめることを目的とします。

　火災原因判定書の作成者は、実況見分調書作成者と同一人物であるほうが本人も作成しやすいですが、当該火災の実況見分に臨む職員であれば、実況見分調書作成者でなくても該当します。いずれにしても、実況見分実施前に定めておくことで、より注意深く責任をもって出火箇所の見分を行うことでしょう（社会的に影響が大きく、原因の判定にスピードが求められる場合等は、実況見分調書の作成と火災原因判定書の作成を分けて実施することも考えられます。この場合、実況見分調書は現場の客観的事実を記載する書類であるのに対し、火災原因判定書は、考察を加え理論的に作成するものであることから、実況見分作成者の上席者が担当するべきです）。

　担当者を指名する場合は、火災の規模よりも、防ぎょ活動中等に関係者から得た情報や鎮火後の現場の状況から推定される原因判定の困難さ、社会的な影響の大小等により、火災調査の経験が豊富な職員、経験の少ない職員のどちらかを判断して指名することが大切であると考えます。

　焼損面積が大きいときや、焼損棟数が複数あると、原因が明らかに「ガスこんろの使用放置」であるにもかかわらず、ベテラン職員に担当させたり、発火源と考えられるものが複数あるにもかかわらず、焼損面積が少ないからという理由で経験の少ない職員に担当させたりすることがありますが、これは間違いだと思います。

　また、私は、火災調査の経験の少ない新人を育てるには、新人に判定の困難な火災調査を担当させてベテラン職員がカバーするのではなく、ベテラン職員が担当している判定の困難な火災調査に新人を補佐に付け、ベテラン職員と行動を共にさせ、調査のノウハウを学ばせるほうが、より有意義であり、成果も挙がると考えています。

(3) 実況見分調書

　実況見分調書は、火災調査をその任務として実施している行政機関として、火災現場の鎮火後の客観的事実を克明に残すほか、復元等の状況を記録する証拠保存の資料で、火災の原因や火災による損害程度の基礎資料とするために作成することを目的としており、消防機関が実況見分を省略すると、ほかに火災現場の状況を残すものがなくなってしまいます。

　特に、小火火災や車両火災については、火災報告取扱要領の火災の定義と刑法の放火

又は失火罪における火災の概念が違うこともあり、捜査機関は実況見分を行わないことがありますので、火災の専門機関である消防が記録を残すことが必要となります。実況見分調書の作成者としては、実況見分を実施した職員なら誰でも該当しますが、火災原因判定書と同様、事前に指名しておくことが大切です。

　なお、焼損棟数が複数の場合や、見分する対象が非常に広範囲の場合は、分担する建物や地域を定めて、複数の職員が実況見分調書を作成することが合理的です。

　ただし、この場合は、文言の統一について、一人で作成するときよりも注意しなければなりません。したがって、実務的には、建物、設備、備品等の名称を一覧にして、各作成者に配布します。

(4) 質問調書

　質問調書は、火災の出火前の状況、発見時の状況、対象物の経緯等、火災の原因のみならず、損害調査を実施するうえで、その状況を把握している者に質問し、その情報を録取して、火災調査の基礎資料とするために作成することを目的とします。

　火災調査、特に原因調査は、現場の客観的事実（捜査機関の「物的証拠」）を基に出火に至る経緯を究明するのが原則ですが、質問調書は、その事実を裏付ける重要な状況証拠として、実況見分調書とともに火災調査の両輪に値する重要な調査書類です。

　質問調書の作成者は、供述人に質問した職員です。

　新人を育てる意味では、二人で対応し、ベテラン職員が質問して新人職員（火災調査の経験が少ない職員）が録取することです。

　新人職員は、ベテラン職員の供述人との応接要領、質問要領、質問態度等を直にみられ、その技術の習得ができることでしょう。

(5) 火災状況見分調書

　火災状況見分調書（消防庁の雛形では「出火出場時における見分調書」）の作成は、火災現場において消防職員が見聞きしたこと（出火建物、出火階、出火室、出火箇所の判定に必要な事項、また、建物の施錠状況、火災防ぎょ活動中の室内の状況、救出した要救助者の状況、救急搬送された負傷者の証言で原因の判定に参考となる事項等）が、火災調査に必要と認めるときに、その客観的事実を記録し、火災調査に反映させることを目的とします。

　作成者には、消防隊、救助隊、救急隊、指揮隊等の隊員の活動を把握している小隊長が適していますが、状況により隊員が該当することもあります。

(6) 死者調査書・負傷者調査書

　死者調査書の作成は、火災による死亡者について、死に至った経緯や要因を調査して、以後の火災による死者の発生防止に役立てることを目的とします。

また、火災報告の「死者の調査票」を作成する資料となります。

火災報告の「死者の調査票」は、調査事項が多く、死者調査書の項目にその内容を網羅していないと、必要事項を漏らす可能性もありますので、注意が必要です。

負傷者調査書も死者調査書と同様に、火災により発生した負傷者の負傷した経緯と要因を調査して、以後の火災による負傷者の発生を予防することを目的に作成します（30日死者に該当することもありますので、重傷者の場合は、「死者の調査書」に準じて調査をしておかないと、後で苦労します）。

負傷者調査書の作成者は、現場や病院等で調査を実施した職員となりますが、負傷者から質問調書を録取することが必要な場合（火元者や初期消火者は、負傷していても質問調書の録取が必要なことがあります）は、負傷している市民に何度も同じ話をさせないために、質問調書を録取した職員が作成するべきです。

3 火災調査書類の記載項目

(1) 火災調査書

火災調査書は、「2 火災調査書類の作成目的」（p.3）の項でも説明しましたが、火災となった対象物（建物、車両、工作物）の火災前の状況と火災調査の結果の概要が分かる書類であり、さらに、火災報告取扱要領に基づく「火災報告」を作成する資料とするためには、次の項目について記載されていなければなりません。

項目は、火災の覚知日時、出火日時、覚知別、火災種別、出火場所、用途地域、用途、業態、名称（事業所名）、火元者の人定に関する情報、り災程度（焼損棟数、焼損面積、損害額、死傷者数、り災世帯、り災人員）、出火当時の気象、発火源、経過、着火物、火災の原因の概要、その他参考事項等です。

(2) 火災原因判定書

火災原因判定書は、火災現場の焼き状況、火元者、発見者、通報者、初期消火者等の供述、鑑識、鑑定、実験結果等を総合的に検討し、いつ、どこから、なぜ、火災が発生したかということを判定して、結論を理論的に導き出す書類です。

火災原因判定書の記載項目は、火災の種別、出火に至る経過、現場の状況等が違うこともあり、一概に記載項目を定めてしまうと、書きにくくなってしまいます。

ここでは建物火災を例に説明しますが、一つ大切なことは、火災原因判定書で引用する事項が、必ずほかの書類に記載されていなければならないということです（文献を引用する場合は、その文献が特定できるように記載すれば、写しを添付する必要はありません）。

つまり、火災原因判定書で引用する現場の客観的事実を見分した内容や火元者等の火災関係者の供述は、必ず実況見分調書、火災状況見分調書、質問調書等に記載されてい

るということです。
① 出火建物の判定

　出火建物の判定の項は、焼損建物が複数認められる場合に、まず、どこ（所在地）に建築され、誰が所有する建物から出火したのかを判定するために、各建物の内部と外部の焼損状況の比較、焼けの方向性、発見者や占有者の供述内容及び先着消防隊の現場到着時の確認状況等を記載して検討し、出火建物を判定します。

　この出火建物の判定がないと、次項以降の出火時刻、出火箇所、原因の判定ができないからです。

　「六何、七何の原則」により、出火時刻を先に推定している消防本部の火災原因判定書を見ることがありますが、どこ（どの建物）から出火したのかを判定しなければ、出火時刻や出火箇所は分からないはずです。

　また、出火建物の判定と同様に複数の車両、建物と車両が焼損している火災では、まず、出火車両や建物と車両のどちらが火元かを判定することが必要となります。

② 出火前の状況

　出火前の状況の項は、出火前における火元者等の関係者の行動、焼損している建物の状況、機械設備等の使用、整備及び修理の状況についての事実関係を列記して明らかにし、出火時刻の推定、出火原因の判定に資するものです。

　なお、焼損している建物（車両）が一棟（両）の場合は、本項を最初に記載します。

　本項の内容は、必要な部分の概略を火災原因の判定の項に記述している消防本部もありますが、本項を設けることにより、出火時刻の推定と原因の判定に入る前に、出火に至る経過を包括的に理解できると考えます。

③ 出火時刻の推定

　出火時刻の推定の項は、火災の発見状況、通報状況、現場の焼き状況等の供述や、見分結果に基づく事実関係を記載して、出火から延焼拡大、通報、初期消火までの時間経過を明確にし、予後の火災予防、警防対策及び火災統計に資するものです。

④ 出火箇所の判定

　出火箇所の判定の項は、現場の焼損状況の客観的事実（これは、開口部の有無、油脂類の有無、可燃物の量、消防隊の注水遅れ（消防隊の注水が遅れた場合や注水の死角となった場合は、必要により火災状況見分調書を添付します）により、焼損が著しい箇所があることもあるため、その説明も記載する必要があり、その場合は全体的な焼けの方向性を重点に記載しなければなりません）と火元者、発見者等の供述及び最先着隊の確認内容の具体的事実を記載して判定します。

　この出火箇所の判定は、火災の原因の判定に影響しますので、出火建物の判定より詳細に事実を記載する必要があります。

　また、火災原因判定者は、出火箇所の判定にあたり、発火源として可能性のあるものが、当該箇所に存在するかについても考慮して出火箇所を判定しなければなりませ

ん。
　この出火箇所を判定するということが、火災原因判定のために重要なことは説明するまでもなく、この出火箇所の判定を誤ると、原因の判定が困難となります。
　実務的には、防ぎょ活動中の見分状況、占有者、発見者の供述を考慮して、実況見分を実施しながら焼けの方向性等により出火室を判定し、出火室の発掘、復元に際して当該箇所における発火源を検討することとなります。
　出火箇所の定義については、火災の状況により、台所のガスこんろ付近の一部分、一つの電気のコンセントであることもあり、一部屋全体となることもありますので、統一的に範囲を限定するとやりにくくなります。
⑤　出火原因の判定
　出火原因の判定の項は、火災の出火原因について、発火源、経過、着火物について、その判定に至る理由を理論的に記述します。その方法としては、消去法、三段論法（演繹法）及びその双方を用いる方法があります。
　消去法は、出火箇所に存在又は考察できる発火源をすべて挙げ、その発火源により出火するかどうかを検討し、考えられない発火源を消去して発火源を特定します。
　このとき、経過と着火物についても同様に、この発火源で着火物は何と何の可能性があるのか、この発火源と着火物はどういう経過で着火したのかを検討します。
　また、放火や火遊び、無意識に火をつける等の場合は、発火源が特定できなくても、経過を特定することにより、火災原因も特定できることから、経過の検討が重要となります。
　三段論法は、鑑識、鑑定、実験等により、客観的な事実を一つひとつ積み重ねて証明し、発火源等を特定します。
　また、製造物から出火したような場合は、出火箇所の発火源を消去法により特定し、さらに、残された発火源について、三段論法により事実を積み重ねて立証することが必要になることもありますので、消去法と三段論法の双方を用いる方法が適しています。
⑥　結　論
　結論の項は、火災原因判定書の各項目で考察し検討した内容に基づき、発火源、経過、着火物だけでなく、この火災がいかにして発生したのかを六何、七何の原則に基づいて記載します。

(3) **実況見分調書**
　実況見分調書は、「2　火災調査書類の作成目的」（p.3）のところでも説明しましたが、火災現場の鎮火後の客観的事実を克明に残す証拠保全の資料であり、法に基づき実施する火災調査の根幹をなすものです。
　実況見分調書の記載項目は、火災の種別、現場の状況等によって違うこともあり、す

べての事例で統一する必要はありませんが、ここでは代表的な例を説明します。
① 冒頭に記載する項目
　実況見分を実施するにあたり、実施場所、実施時間及びその任意性を示すため、次の項目を冒頭に記載します。
　ア　火災を特定するための項目
　　㋐　当該火災の出火日時
　　㋑　当該火災の出火場所
　※　火災判定書で考察して導き出す「出火日時」「出火場所」を実況見分調書に記載するというのは、説明と矛盾していることと思われます。私も実況見分調書だけでなく、質問調書、損害明細書、死者調査書、負傷者調査書等の様式について、当該部分の見直しが必要であると考えています。しかし、情報公開に際しての単独の書類として対応する場合もあるため、「一様式でどのようにして火災を特定すればよいのか」と検討しているところです。
　イ　実況見分の実施日時
　ウ　実況見分の実施場所（物件）
　エ　実況見分の立会人
　オ　実況見分調書作成年月日
　カ　実況見分調書作成者
　キ　実況見分を関係者の同意の下に実施している任意性について
② 現場の位置及び付近の状況
　「現場の位置及び付近の状況」の項では、実況見分を実施する場所を明らかにするために説明するとともに、現場付近の周囲の状況を説明します。この周囲の状況は、消防に関することを記載するもので、延焼危険等の周囲の状況、用途地域、水利の状況、防ぎょ活動上の特異性等を記載します（火災調査書類は、火災調査だけでなく警防活動上の資料としても活用するため、本内容が必要になります）。
　本項は、書きやすいためか、長々と記載されている見分調書を見ることがありますが、必要最小限の内容を記載することが大切です。
③ 現場の模様
　「現場の模様」の項としては、焼損が認められる建物、物件、車両、その他の工作物等のすべてを見分した客観的事実を記載します。
　まず、現場全体の見分結果を記載します。全体の焼けの方向性、一つひとつの見分対象物の状況、一部屋ごとの状況などです。そしてその全体から、出火建物、出火室（実況見分の段階で出火建物、出火室と表現しませんが、説明の都合上ご了承ください）へと対象を絞って見分し、その結果を記載します。
　ここで大切なことは、焼けの状況だけを見分するのではなく、水損の状況、破損の状況、施錠の状況、電気の配電盤やガスのコック、電気配線、電化製品のプラグ、ガ

ス器具の器具栓、ストーブのスイッチ、灰皿、仏壇、窓の開閉、日照（出火時間による）の状況等、焼損の認められない箇所も見分し、必要に応じて、その結果を記載することです。

④　焼き状況

「焼き状況」の項は、現場の模様で火災現場全体を見分した結果、焼けの方向性等から火元と思われる箇所の状況を詳細に記載するもので、実況見分調書で最も重要であり、具体的に分かりやすく記載しなければなりません。

「現場の模様」の項と「焼き状況」の項の違いについては、一つの目安として、前者が防ぎょ活動後の現場の客観的事実を記載するのに対し、後者は、発掘や復元の状況等、実況見分の進捗により確認される事実関係を記録して記載するものであり、物的証拠について具体的に記載する項である、と考えて見分調書を作成すると作成しやすいと思います。

⑤　その他

実況見分の実施にあたって特筆することがあれば、その他の項を設けて記録しておきますが、通常の火災では必要ないと考えます。

また、鑑定・鑑識のために物品を保管した場合、別に項立てして記載している消防本部もありますが、私は、「焼き状況」の項で、実況見分を実施中にどの場所から何を保管したかを記載するほうが分かりやすいと考えています。

(4) 質問調書

質問調書の記載項目は、火災の出火前の状況、火災発見時の状況、通報時の状況、初期消火活動時の状況、対象物（車両、工作物、装置、機械設備等）の火災前の状況等について、各関係者へ火災原因調査及び損害調査に必要な質問をして、その供述を録取するものです。その質問項目は各関係者により違ってきますので、一概に決めないほうがよいと思われます。

また質問調書は、必要により、供述人が任意に供述の説明の補足資料に必要と認めて図面を作成した場合は、図面に日付、署名及び任意性を担保する「私が任意に作成しました」等の文言を記載してもらい、質問調書の末尾に添付します。

質問調書の記載項目で大切なことは、この関係者には何を質問するか事前に検討することと、火災事例①の「質問調書」の供述解説（p.51）のところでも説明しますが、質問調書を録取中に関係者の供述を分析するとともに、供述の疑問点を確認することが、正しい原因判定につながることとなります。

また、質問調書上の供述は任意のものであり、供述を強要したり、誘導質問をしないよう気を付けることも必要です。

(5) 火災状況見分調書

　火災状況見分調書は、やはり作成目的のところで説明しましたが、火災現場において消防職員が見聞きした事実のうち、火災調査に必要な事項があると認めるときに作成する調書であり、すべての火災で作成するものではありません。

　火災状況見分調書の記載項目は、火災の状況によって違いますが、代表的な例を説明します。

① 出場途上における見分状況

　「出場途上における見分状況」の項では、指揮隊、消防隊、救急隊及び救助隊等が、出場途上に走行中の車内から火災調査に必要な事項を見分したとき、「どこで何がどのようになっていたか」という事実について記載します。

② 現場到着時における見分状況

　「現場到着時における見分状況」の項は、消防隊等が現場到着時に火災調査に必要な内容を見聞きしたときに、その事実を具体的に記載します。

　また、現場到着時以降は、「臭い」についても、火災調査に必要があれば、その事実を記載します。

③ 防ぎょ活動中における見分状況

　「防ぎょ活動中における見分状況」の項は、消防隊が防ぎょ活動中に火災調査に必要な内容を見聞きしたほか、防ぎょ活動の内容で火災調査に必要な活動を実施した場合は、その事実を具体的に記載します。

　なお、本項は、救急隊の場合は「救急活動中における見分状況」、救助隊の場合は「救助活動中における見分状況」となりますが、いずれも火災調査に必要な事項について記載するものであるため、防ぎょ戦術や救助方法及び応急処置などは、必要があるときのみ記載します。

❷ 火災調査書類の様式の例

　火災調査書類の各様式のうち、火災事例で例示していない様式の主なものについて一つの例を示し、その例示様式の各項目の記入に際しての留意点等を説明します。

1　火災調査書

　① 　作成年月日を記入
　② 　火災報告取扱要領に基づいて覚知別を記入
　③ 　火災報告取扱要領に基づいて火災種別を記入
　④ 　推定できない場合は推定できない箇所から二段書き
　　　〈例〉
　　　　　平成18年10月6日20時00分から7日5時30分までの間
　⑤ 　該当する場合のみ記入（建物火災以外は名称等を記入）
　⑥ 　該当する場合のみ記入
　⑦ 　火災報告取扱要領に基づいて用途を記入
　⑧ 　火災報告取扱要領に基づいて業態を記入
　⑨ 　火災報告取扱要領に基づいて用途地域を記入
　⑩ 　占有・管理・所有が重複する場合は複数にチェック
　⑪ 　火元の焼損、水損及び破損の状況を記入
　⑫ 　類焼の焼損、水損及び破損の状況を記入（類焼が複数ある場合は箇条書き）
　⑬ 　30日死者の場合は（　）書で記入
　　　〈例〉
　　　　　負傷者2人（うち1人30日死者）
　⑭ 　火災報告取扱要領に基づいて出火箇所を記入
　⑮ 　火災報告取扱要領に基づいて発火源を記入
　⑯ 　火災報告取扱要領に基づいて経過を記入
　⑰ 　火災報告取扱要領に基づいて着火物を記入
　⑱ 　七何の原則で記載（建物構造等火災報告書の他の箇所で記載されている内容は省略することができる）
　　　〈例〉
　　　　　本火災は、いつ、誰が、何を、何のために、どこで、どうした（て）、どうなった
　⑲ 　調査に関する参考事項、今後の教訓、捜査機関との連絡で、特筆事項を必要に応じて記載

❷ 火災調査書類の様式の例　13

専決区分	処理区分	火災番号
	号処理	No.

① 　　　　　　年　月　日

火　災　調　査　書

所　属
階級・氏名　　　　　　　　　　印

覚　知　別	②	覚知日時	年　月　日（　）　時　分
火災種別	③	出火日時	④　年　月　日（　）　時　分ころ

出火場所	K市	用　　途	⑦
建物名称等	⑤	業　　態	⑧
事業所名	⑥	用途地域	⑨

火元者	□占有者　□管理者　□所有者　⑩
	住　所
	職　業　　　　　氏　名　　　　　　　　　（　歳）

り災程度	（火元の状況）⑪
	（類焼の状況）⑫
	焼損棟数　全焼　棟　半焼　棟　部分焼　棟　ぼや　棟　合計　棟
	焼損面積　床面積　　　㎡　　損害額　　　　千円
	表面積　　　㎡
	死傷者　死者　　　　人　　り災人員　　世帯
	負傷者⑬　　人　　　　　　　　　人

気象	天候	風向	風速	気温	相対湿度	実効湿度	気象報等
				℃	%	%	

原因	出火箇所	発火源	経過	着火物
	（　　）⑭	（　　）⑮	（　　）⑯	（　　）⑰

概要	⑱

備考	⑲

※　本様式は、Ａ４判両面のもので「概要」の欄から下は裏面になりますが、本書スペースの都合上、本頁内にすべて記載しています。

2　火災原因判定書（2・3号処理）

　K市の火災原因判定書は、平成13年度から、火災事例①で取り上げる「1号処理」（p.68）と、次に示します「2・3号処理」の様式を使用しています。

　火災の処理区分を分けた理由は、火災事例①の「火災原因判定書の基本知識」（p.72）で説明していますが、本様式は、2・3号処理の火災において作成する火災原因判定書です。

　この様式は、火災調査経験の少ない職員が作成しやすいように、原因判定に必要な項目を様式の中に入れてあります。

　そして、項目の枠の範囲は、火災により項目に記載する文章の量が違うこともあることから、必要により変更を認めています。

　2・3号処理の火災は、その原因判定が当該様式に収まるはずであり、逆に原因判定の理由等がそのスペースに収まらないほど考察が必要ならば、その火災は1号処理として、ベテラン職員に担当させるべきであると考えています。

　火災原因判定書を変更する予定の消防本部の皆様は、これらを参考にして、調査員が作成しやすい様式にするとともに、これからは、様式を変更するだけでなく、「🔥.3　火災調査書類の記載項目」（p.6）で説明した「火災調査書」や「火災原因判定書」に記載した項目を、コンピュータシステムの構築により、火災統計や火災報告の作成に反映させ、瞬時にこれらが作成できるようにすることが必要ではないでしょうか。

①　地番、名称及び出火箇所まで記入する。
②　作成年月日を記入
③　③〜⑨は、原則として、枠内に収まるように箇条書き等にして簡記する（なお、枠内に収まらないときは、若干の枠の上下を可とする）。

❷ 火災調査書類の様式の例　15

	処　理　区　分	火　災　番　号
	号処理	No.

火災原因判定書（2・3号処理）

出火日時　　　　　年　　月　　日（　）　　時　　分ころ
出火場所　K市
（名　称）　　　　　　　　　①
火元者　職業・氏名
上記の火災について、次のとおり判定します。
　　　　②　　　　年　　月　　日
　　　　　　　所　　属
　　　　　　　階級・氏名　　　　　　　　　　　　　　　　　　　　印

発見状況	発見者　□占有者　□管理者　□所有者　□その他（　　　　　　　）
	住　所　　　　　　　　　　　職業　　　氏　名　　　　　　　　歳　③
通報状況	通報者　□占有者　□管理者　□所有者　□その他（　　　　　　　）
	住　所　　　　　　　　　　　職業　　　氏　名　　　　　　　　歳　④
出火前の状況	火　元　□建　物　□車　両（　　　　　）　□その他（　　　　　）
	構　造　□木　造　□防　火　□準耐（木）　□準耐（非木）　□耐　火　□その他
	用　途　　　　　　階数　　階　建築面積　　　　　㎡　延面積　　　　　㎡
	関係者の行動等　⑤
出火日時	出火日時　　　　　年　　月　　日　　時　　分ころ
	推定理由　⑥
出火箇所	出火建物
	出火階　　階　出火室　　　　　　出火箇所
	判定理由　⑦
出火原因判定の理由	⑧
結論	⑨

※　本様式は、Ａ4判両面のもので「出火箇所」の欄から下は裏面になりますが、本書スペースの都合上、本頁内にすべて記載しています。

❸ 火災調査書類の記載例

　火災調査書類は、作成目的及び記載項目について説明したとおり、書類ごとにその性格が違います。
　そして、その書類の目的を明確にし、必要な内容を必要な手続きにより、第三者が読んで理解しやすいように記載するものですが、火災はその発生に至る経過、原因が多種多様であり、型にあてはまるものではありません。
　したがって、文章は形にとらわれず、作成者が書きやすいようにすることが大切です。
　しかし、火災調査の経験が少ない職員は、書類の性格、目的等の説明だけでは理解しにくいこともあるため、具体的な記載例で研究することも必要です。
　ただし、具体的な記載例ということで、過去の類似火災の火災調査書類を写しているだけでは進歩がないので、なぜこの項目が必要なのか、または大切なのかということを考えながら、作成することが大切です。
　本書では、多種多様な実火災を取り上げ、その火災調査書類の留意事項等を説明しています。今回は、実火災ではありませんが、質問調書、火災状況見分調書、実況見分調書、火災原因判定書について、基本的な記載例を示し、詳細に説明させていただきます。
　なお、質問調書（占有者、通報者）、火災状況見分調書は、「共同住宅の一室から出火し、ダイニングに置かれていた椅子の座布団に、微小火源の燃込みが認められた」との状況を想定しています。

1　実況見分調書

　実況見分調書は、鎮火後の火災現場の状況を、自己の考えを入れず客観的に、素直にありのままを記載するもので、考察を加えない文書であるにもかかわらず、火災調査書類のなかでは苦手としている職員が多い書類です。
　苦手としている一つには、同じ火災現場はないということが理由ではないでしょうか。
　火災現場は、そこにある物、物の位置、物の大きさ、物の焼損の状況が違いますので、毎回、違う文章となるからです。
　実況見分調書は、本書では実例による記載例を挙げていますが、これは一つの記載例であり、このとおり記載すべきということではありませんので、注意してください。
　記載例等の型にはめようとしますと余計に苦労しますので、その現場ごとの状況に合わせて記載することが重要です。
　ここでは、実況見分調書を作成するにあたって注意すべきことを説明します。本書の実例のなかで説明しているものもありますが、重要な部分をまとめてみました。
　①　実況見分調書は分かりやすく。
　　実況見分調書は、第三者が読んでも分かりやすい文書にすることが必要です。作成者

は火災現場全体を見ていますが、実況見分調書を読む人は、そこにある文書、図面、写真だけを見ているということを考えて作成します。
② 実況見分調書は火災原因（出火箇所）の判定に引用するものである。

　実況見分調書は、現場の状況を消防機関として克明に残すことはもちろん、火災原因判定書の「出火箇所の判定の項」、「原因の判定の項」を作成するにあたり、引用する必要な現場の状況が記載されていなければなりません。

　例えば、本書で何度も説明していますが、ガステーブルこんろの使用放置であるにもかかわらず、ガスの元栓、ガスの供給コック、器具の火力調整ツマミ等の見分がない調書や、電気ストーブに寝具が触れて出火したと火災原因判定書にあるのに、実況見分調書のなかに電気ストーブのスイッチ、コンセント、電気ブレーカーの状況を見分して記載していない調書、着火物の寝具の写真もなければ、説明もない調書のほか、焼けの比較が十分ではないのに出火箇所を特定している調書は、あってはならないということです。

　また、実況見分実施時に見分しなかった箇所を出火箇所の判定や原因判定のために推測して文書を作成することも、あってはならないことです。
③ 見分事実と関係者の説明を混同しない。

　前項で説明した「推測して文書を作成してはならない」ということに類似していますが、焼失している部分、建物の構造・間取りなどについて、建築確認書で確認したものか、占有者の説明を受けたものであるにもかかわらず、これらを実況見分調書に詳細に記載してはいけないということです。

　例えば、2階部分が焼け落ちている建物を見分して「①建物を見分すると、①建物は木造2階建、瓦葺、モルタル塗の建築面積100平方メートル、延面積150平方メートルの店舗併用住宅で、1階は飲食店、2階は飲食店店主の住居となっている」などと、質問調書で録取した内容や、占有者・所有者から得た情報を混同してはいけないということです。

　焼失している建物の構造や間取りなどは、「立会人の川崎太郎によると建物の構造は、…であり、間取りは付図○のとおりである」などと、その出所を明らかにしなければなりません。
④ 焼損状況の記載には抽象的な表現を使わない。

　焼損状況を記載するにあたっては、例のような抽象的な表現は避けます。
〈例〉
　「押入れの東側の柱は強い焼きを示しており、…」
　「押入れの東側の柱は、西側面の焼きは弱く南側面の焼きが強い」
　「6畳大の洋間内の収容物は、すべて弱く焼きしている」
　「6畳間と8畳間の境にある敷居を見分すると、東側は弱く、西側は強く焼きしている」

「車両の右側面のドアを見分すると、後部のドアの焼きは弱く、前部のドアは強く焼きしている」

　これらのような抽象的な表現は曖昧なため、「どの程度焼きしているのか」「どのような状況で焼きしているのか」分からず、比較することができません。

　柱、敷居などの木製の焼き状況を比較するには、「炭化が表面的なのか」「亀甲模様はあるのか」「炭化深度はどのくらいなのか」「焼け細りが認められるのか」「焼失しているのか」などにより比較します。

　車両の鉄製部分は、「何色に変色しているのか」「歪みや座屈などの変形はあるのか」などにより比較します。

　分かりやすい具体的な表現の例としては、次のようになります。

〈例〉

　「6畳間と8畳間の境にある敷居を見分すると、敷居の長さは2.7メートルあり、東寄りは表面が炭化しているものの亀甲模様は認められないが、東の端より1.8メートルの箇所から西側は炭化部分に亀甲模様が認められ、西側ほど炭化深度が深く、西側の柱付近は敷居の溝を残さないほど燃え込んでいる」

⑤　実況見分調書では、主観的な表現をしない。

　火災原因判定書では、出火箇所の判定、原因判定の項などで実況見分調書など各見分調書の中から客観的事実及び質問調書を引用して主観的な表現をしますが、実況見分調書では主観的表現を使用しません。

〈例〉

　「テーブルの上から落下した灰皿は…」

　「②建物の北側面は①建物からの炎を受けて焼損し…」

　「ガステーブルこんろから立ち上がった炎により内壁が焦げている」

　「鉄の部分は熱を受け変形している」

　これらの実況見分調書における記載例は、次のようになります。

　「テーブルの下には金属製の灰皿があり、大きさを測ると…で、灰皿の周囲には、たばこの吸殻が数本認められる。ここで、立会人のAに灰皿について説明を求めると、『テーブルの上で使用しているもので、外出する前は…でした』とのことである」

　「②建物の北側外壁面は、①建物の南側にある台所の窓に正対している部分が焼損している」

　「ガステーブルこんろの北側の内壁は、…の位置を基点として上方に向けて扇状に焼きしている」

　「鉄の部分は波打って変形しているのが認められる」

⑥　発火源は十分に見分し、実況見分調書に記載する。

　出火箇所付近に認められる発火源となる可能性のある電化製品、ガス器具などの見分は、十分に実施します。メーカーの技術者などの説明を必要とする場合や、特殊な工具

がないと分解して見分が実施できない場合は、必要な手続をして当該物品を保管し、場所を変えて見分します。

　打消しのために必要な場合も鑑識を実施するなど、十分な見分を実施します。

　実況見分は、やり直しができないことを肝に銘じて、ポイントとなる物品や場所は労を惜しまずに見分することが大切です。

　また、実況見分では十分に見分しているのに、その見分結果を実況見分調書に記載していないことがあります。これは、メモのとり方が足りないことと、何をポイントに見分しているかということを考えていないことから起こりますので、十分に注意しましょう。

⑦　着火物も、発火源同様に見分し実況見分調書に記載する。

　発火源を十分に見分することを考えすぎるあまり、着火物についての見分が不十分となることがないように注意します。

⑧　実況見分調書の作成手順について

　現場での実況見分中にメモをとり、帰署後、いきなり実況見分調書を作成するために文章を書いても、簡単にまとまるものではありません。

　そこで、実況見分調書を作成するうえでの一つの手順を示しますので、参考にしてください（本手順は、実験や鑑識を必要としない火災を例にしています）。

　ア　図面の作成

　　実況見分調書は、案内図、配置図、平面図、拡大図、状況図を説明するように記載しますので、まず、基本となる添付図面を作成します。

　　図面作成者を別の職員が担当する場合は、どの図面が必要か説明し、図面に出てくる文言を統一します。また、方位が斜めの場合は、どの方位を上にするか、そして、各図面の縮尺も指示します。

　イ　写真の選定

　　写真を整理して実況見分調書に添付する写真を選定し、説明する順番を写真に付けます。

　　デジタルカメラの写真であれば、必要なものを印刷し、それ以外の写真はパソコンで確認する方法もあります。

　　実況見分調書はアルバムではないので、添付写真は必要最小限としますが、火災原因判定書に必要な発火源、着火物を考慮して選定することを忘れないでください。

　　写真を選定したら、各図面に写真撮影位置を記入します。

　ウ　写真の説明文の作成

　　選定した写真の説明文を作成します（写真を調書の中に入れない場合は、写真説明用紙を作成すると考えてください）。

　　この写真説明文は、調書の本文に使うときは、引用して文言を統一します。

　　この写真説明文を本文に引用して文言の統一がなされていないと、分かりにくい調

書となってしまいます。
　エ　本文の作成
　　現場でのメモ、作成した図面、選定した写真を見ながら本文を作成します。

2　質問調書

　質問調書については記載例を先に示すのではなく、質問の趣旨について説明し、その質問に対して、火災調査のために供述人からどのような回答（説明）を得て作成することが必要なのかを例示します。

建物火災の占有者（丸数字＝質問の趣旨　鍵括弧＝供述記載例）
　①　供述人が当該火災にどのように関係しているかを明確にします。
　「昨日、私が住んでいますメゾンKW101号室が火事になりましたので、そのことについて話します」
　②　火災当日の在宅者を明確にするため、家族構成（同居者）を確認しますが、必要以上のプライバシーは録取しません。
　「私は、この部屋に平成17年の4月から一人で住んでいます」
　③　占有者の場合は、不動産のり災関係に必要となりますので、所有者（管理者）について確認します。
　「メゾンKWの大家さんは、K県〇〇市の〇〇さんですが、家賃が銀行振込なので、お会いしたことはありません。建物の管理は、契約したH駅前の△△不動産で行っています」
　④　出火当時の占有者の行動を確認するために、占有者の生活サイクル（勤務時間等）を録取しますが、必要以上のプライバシーは録取しません。
　「私は、K区N町にあります〇〇出版株式会社の事務員をしています。仕事の時間は午前9時～午後6時までで、土曜日と日曜日が休みです」
　　時間については、供述人が供述したとおりに、24時間制で供述すれば24時間制で、また、朝の何時、夜の何時等で供述すれば、そのまま記載します。
　⑤　火災当日の占有者の行動を順に確認しますが、必要以上のプライバシーは録取しません。
　「昨日は、土曜日で会社が休みでしたので、午後2時30分ごろ外出し、午後6時00分ごろ帰宅すると、部屋が火事になっており、消防と警察の人がいたので驚きました」
　⑥　火災防ぎょ中、実況見分等により、出火室と推定される部屋（推定できない場合はすべて）の発火源のすべてについて、その使用状況（特に出火当日）、管理状況、故障の状況等を確認します。
　　そして、焼損した出火室と推定できる部屋は家具、電化製品等の配置状況を図面に描いてもらうと分かりやすいです。ただし、図面の作成には任意性を担保し、決して

強要しないことです（この図面はフリーハンドで、その場で作成してもらうことが大切です。なお、焼損が一部で家具等の配置状況が分かる場合は、必要ありません）。

「ダイニングのガステーブルを使用しないときは、元栓を止めていました。昨日は、朝食にオーブントースターでパンを1枚焼いただけなので、ガステーブルは使っていません。ダイニング内の電化製品は、冷蔵庫、炊飯器、電子レンジ、オーブントースター、湯沸しポットがありました。どこに何を置いていたかを図面に描きますので、参考にしてください」

　図面を添付したときは、そのことを質問調書に記載します。
〈例〉
　『このとき本職は、川崎花子が任意に作成提出した図面1枚を本質問調書の末尾に添付する』

⑦　喫煙習慣とたばこの銘柄（フィルターの色等で、出火箇所の吸殻と比較し、確認できる）を確認します。
「たばこはラークマイルドという銘柄のものを、1日に1箱くらい吸います」

⑧　たばこを吸う場所を決めているか、どこでも吸うのか、部屋の中での歩行喫煙の習慣のほか、灰皿はいくつあり、どこに置いてあるのか確認します。
「たばこを吸う場所はダイニングテーブルで、灰皿はそのテーブルの上にあるのと、使っていないのがもう一つ食器棚に入れてあります」

⑨　ライターの数、置き場所について確認します。特に子どもがいる場合は、管理状況も確認します。
「ライターは店でもらったものがいくつもあり、正確な数は分かりません。置いていた場所は、ダイニングテーブルの上と、テレビの横の棚にあるプラスチックのかごの中です」

⑩　当日の喫煙状況、特に、外出する前の喫煙について確認します。
「昨日たばこを吸ったのは、朝9時ごろ起きて1本、午前11時00分ごろに朝食の後に1本、その後テレビを観ながら2、3本吸って、出かける前に化粧をしながら1本吸いましたが、全部の時間は覚えていません」

⑪　外出のとき灰皿の吸殻をどうしたか、外出するとき慌てていなかったか、たばこの火を確かに消したかを確認します。
「出かける前に化粧をしながらたばこを吸っていたとき、友人の東京花江から携帯電話に電話が掛かってきまして、約束した時間より早く待ち合わせ場所に着いたと言われ、慌てて外出しましたので、灰皿の吸殻はそのままですし、吸っていたたばこは消したと思いますが、覚えていません」

⑫　現場で確認された灰皿が使用していたものか、その材質、大きさ等を確認します。
「使っている灰皿は、直径10cmくらいの丸いガラス製で、深さは2、3cmでした。灰皿の中に水は入れていません」

⑬　灰皿の中に吸殻がたくさんあり、吸殻がこぼれる可能性があったかを確認するために、灰皿の清掃状況について確認します。
　　また、灰皿が割れていれば灰皿内の吸殻から出火した可能性もあることから、灰皿内の清掃状況の確認が必要となります（ガラス製の灰皿は、熱せられたところへの放水により、割れることもあります）。
　「灰皿は夜寝る前に吸殻に水をかけてから、台所に置いてあるごみ箱に捨てますので、多いときは15本くらいの吸殻が入っていることもあります。昨日は朝起きてから出かけるまでに吸った４、５本が入っていたと思います」

⑭　灰皿の周囲の状況、仮にたばこが灰皿から落ちたときに着火物となる可能性のものがあるか確認します。
　「灰皿はダイニングテーブルの端に置き、その周りには新聞紙や新聞広告を置いていました。分かりやすくするため、外出する前のダイニングテーブルの上の様子とダイニングテーブルの椅子の位置を描きますので、参考にしてください」
　　図面を添付したときは、そのことを質問調書に記載します。

⑮　灰皿やテーブルから火の点いたたばこが落ちる可能性がある場合は、落下地点の可燃物の状況を録取します。落下地点に寝具や座布団等がある場合は、使われている綿等の材質を確認します。
　「ダイニングテーブルの椅子は３脚あり、座布団を敷いていました。座布団は実家から持ってきたもので、材質は分かりません」

⑯　放火の判断の一つにするため、火災保険の加入状況を確認します（詳細が分からない場合は、り災届出の際確認することとして、曖昧な供述を録取しないほか、詳細が分かるまで供述を引き伸ばしません）。
　「火災保険は△△不動産で部屋の契約をするときに加入しましたが、保険会社と契約金額は調べないと分かりません」

⑰　放火の判断の一つとして、施錠状況と鍵の数を確認します（施錠状況は先着の消防隊からも確認し、必要により火災状況見分調書を作成させます）。
　「外出するときに、窓の鍵と玄関のドアの鍵は閉めたと思います。鍵は私が持っているほかは、Ａ市の実家の母が持っているだけです」

⑱　放火の判断の一つとして、付近住民等とのトラブルの有無を確認しますが、必要以上のプライバシーは録取しません。
　「私は、ストーカー行為を受けたことはありませんし、付近の人とのトラブルもありません」

建物火災の発見者（丸数字＝質問の趣旨　鍵括弧＝供述記載例）
①　供述人が当該火災にどのように関係しているかを明確にします。
　「昨日、隣のアパートの火事を見付けたときのことについて話します」

② 発見者からの質問調書の録取で大切なことは、火災に気が付いた動機（音を聞いた、臭いを嗅いだ、煙・炎を見た）、気が付いた（目撃した）位置、火煙等（煙の色、炎の高さも含めて）が出ていた場所、気が付いてからの行動について、具体的に録取することです。

　このことは、出火箇所の判定、出火時刻の推定に必要不可欠な内容となります。

「火事に気が付いたのは、2階のベランダで洗濯物を取り込んでいるときで、隣のメゾンKWというアパートのほうが焦げ臭かったので、見ると、道路側の窓の隙間から灰色の煙が少し出ていました」

③ 発見してからの行動、次に見た位置、火煙の状況を具体的に録取します。

「私は何かと思い、1階に降り玄関から外に出ると、煙が出ていたのはメゾンKWの101号室で、台所の窓ガラスが割れていて、黒い煙がもくもくと出ていました」

④ 火煙の状況をより具体的に、また、炎を見た場合は、見た位置と燃焼物が分かれば具体的に録取します。

「窓から中を覗くと、天井まで炎が上がっていましたので、大声で『火事だ』と叫びました。このときは、何が燃えているのか、分かりませんでした。また、近くには誰もいませんでした」

　＊　発見者が火煙を見た位置と火煙の状況は、必要により供述人が任意に作成した図面を添付します（図面の添付方法、注意事項は、質問調書『占有者』と同様です）。

　　特に発見者の発見位置は、その後の火災調査に大きく影響を与えることとなる場合もあります。

〈例〉

　発見位置が右下の図の「A」の場合は、ごみ箱から火煙が出ていたと供述すると思いますが、「B」の場合は、テレビから火煙が出ていたと供述するのではないでしょうか。

　「火災調査に先入観はいけない」と言っていますが、「B」の場合の実況見分において、いかに注意深くごみ箱の焼き残存物を見分できるかではないでしょうか。火災調査員は、発見者の供述がどうであれ、必ずその発見位置に立ち見分して、何か隠れてしまっていることはないかを考えることが大切です。

⑤ 火災を発見した後、通報、初期消火等のために火災現場で行動していた人を確認します（氏名等が分からない場合は、性別、年齢、服装、人数を明確に）。

「『火事だ』という私の声を聞いて、メゾンKWの右隣の東京さんの御主人が消火器を1本持ってきて、101号室のドアを開けようとしま

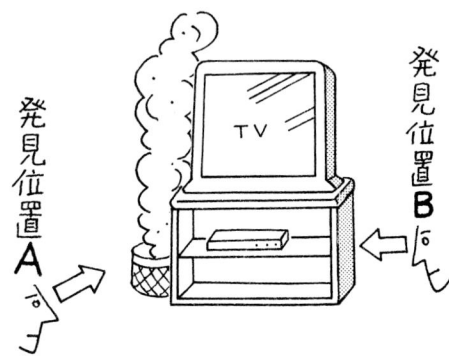

したところ、ドアが開かなかったので、割れていた台所の窓から消火器の粉を噴出していましたが、火は消えませんでした」

「その後で、東京さんの奥さんが『119番通報しました』と言いながら道路へ出てきました」

 ＊ 発見者、通報者、初期消火者からの質問調書は、該当者から各々録取することが原則ですが、初期消火者が複数の場合で、代表者から録取すれば十分な場合や、各該当者が協力した場合などでは、火災原因の判定のために、一番必要な情報をもっている該当者から録取する方法もあります。

  誰から録取するかは、上席職員が火災の原因判定の困難度、社会的影響度等から判断して、火災調査担当者等に指示します。

  また、発見、通報、初期消火の行為が消防協力者として、感謝状、表彰に該当する場合は、協力者の漏れがないように慎重に各該当者の行動を録取しますが、市民の負担を考慮して何度も同じ話を録取しないように、感謝状（表彰）の担当者と火災調査担当者が協力して、各々の必要な項目を録取するようにします。

⑥ 発見、通報者が消防隊の現場到着までの間に火災調査に必要なことを見聞きしていることがあれば、その内容を具体的に録取します（「何がどうしてどうなった」「誰がどうしてどうなった」）。

「台所の割れた窓からは、黒い煙と一緒に炎がチラチラ出てきました。このとき、奥の部屋が燃えていたかどうかは分かりませんでした。また、メゾンＫＷの他の部屋の人には、東京さんの御主人がドアを叩いて声を掛けていましたが、留守でした」

「しばらくすると、消防車が来て『火事を見付けた人、119番へ通報した人』と呼ばれたので、東京さんの奥さんと一緒に、消防署の人に説明しました」

⑦ 発見者が付近居住者の場合は、火元者のことで火災調査に参考となることを知っていることがあれば録取しますが、必要以上のプライバシーは詮索しません。

「火事になった部屋の人は女性の独り住まいでしたが、話をしたことがないので、詳しいことは分かりません」

⑧ 発見時刻について時計はもちろん、時間が特定できる、あらゆる状況を録取します。

「火事に気が付いたとき、時計は見ていませんが、○チャンネルの△△というテレビ番組が終わって洗濯物を取り込み始めてすぐでしたので、○時少し前だと思います」

3 火災状況見分調書

消防法第31条は、消防機関は、火災の調査をその責務とするとともに、消火活動を実施しながら火災調査を実施することを定めています。

火災状況見分調書は、この条文によるところの防ぎょ活動中から開始される火災調査のための調書であり、消防隊（指揮隊、救助隊、救急隊）が火災防ぎょ活動中、火災調査に関することについて見聞きした内容を記載するもので、防ぎょ活動の内容を記載するもの

ではありません。

ここでの火災状況見分調書の解説は、各項目を作成するにあたっての留意事項を説明し、その後に記載例を示します。

① 「出場途上における見分状況」の項

火災の出場途上に火災調査に必要な事項（出火建物、出火箇所の判定に必要な事項）を認めたときに、その状況を具体的に、現在形で記載します（火災状況見分調書は、現在形で記載します）。

〈例１〉

「○○区○○町○丁目○番○号」の火災指令を受信し、Ａ隊の小隊長（救助隊長、救急隊長）として出場する。

国道○○号線を北上し現場へ向かい、○○三丁目の交差点（添付図１の①地点）を右折すると、前方約300メートル付近の指令番地付近（添付図１の②地点）に黒煙が認められたため、車載無線により指令センターへ「途上黒」を送信する。

さらに、現場へ近付くとメゾンＫＷの１階北側から黒煙が噴出している。

Ａ隊は添付図１の③地点に水利部署する（添付図１参照）。

〈例２〉（出場途上に火災調査に必要な特筆する事項がない場合の記載例）

「○○区○○町○丁目○番○号」の火災指令を受信し、Ａ隊の小隊長（救助隊長、救急隊長）として出場する。

国道○○号線を北上して現場へ向かうが、走行中に車内から火煙は認められず、特異な臭いも感じられない。

Ａ隊は添付図１の①地点に水利部署する（添付図１参照）。

＊　火災状況見分調書に添付する図面における注意事項として、火災状況見分調書の図面には、火災原因判定書で判定する「出火箇所」、実況見分調書で確認する「焼損範囲、焼損状況」の記号は記載しません。

② 「現場到着時における見分状況」の項

「現場到着時に、どの建物の何階のどこから火煙が噴出しているか」「燃えているのは建物の外周部か内部か」「どの建物からどの建物へ延焼しているのか」等、出火建物、出火階、出火箇所を判定するために必要な状況を具体的に記載します。

また、原因判定の参考になる臭いや音を感じるか、火元者や付近住民等が火災原因の判定に必要な供述をしていることがあれば、その内容に考察を加えたり、推定することなく、修飾語を付けずに、そのまま記載します。

〈例〉

本職は下車後、水利位置から西へ約50メートル離れているメゾンＫＷ北側公道の添付図２の④地点に至ると、１階101号室の北側の窓ガラスが割れており、そこから黒煙が噴出しているのを認める。

次に、メゾンＫＷを時計回りに一巡し見分するも、他室からの煙の噴出は認められ

第1章 火災調査書類

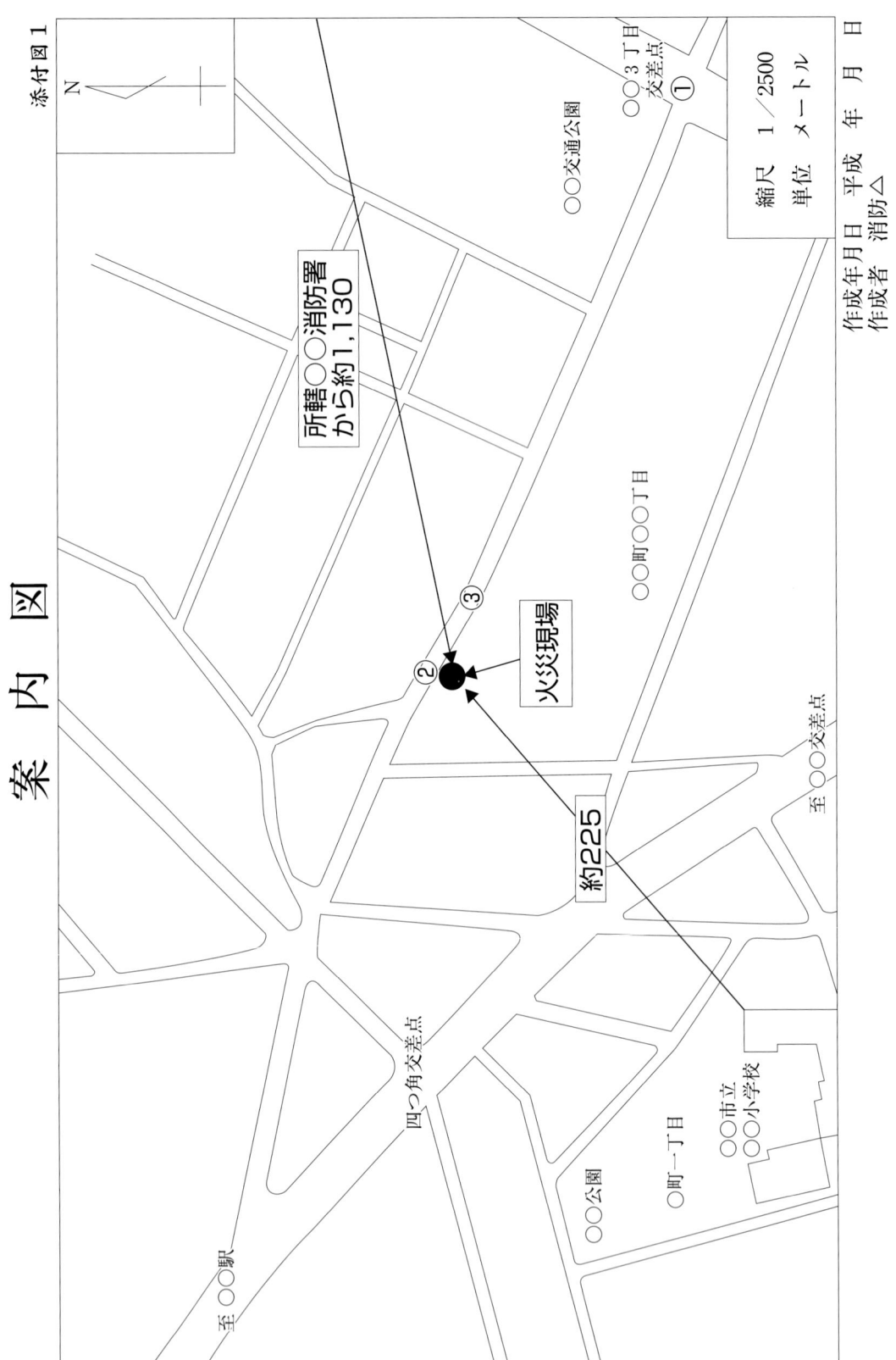

添付図2

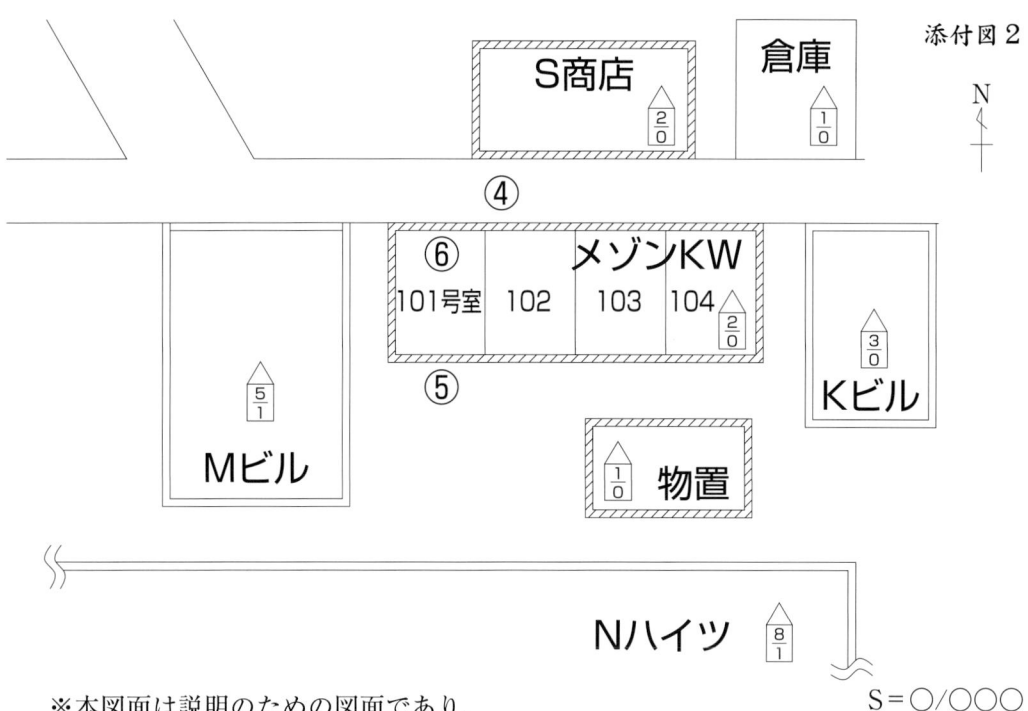

```
         S商店    倉庫
          [2/0]   [1/0]
            ④
         メゾンKW
    ⑥
    101号室 102 103 104  [2/0]
            ⑤
                          Kビル
   [5/1]           [1/0]  [3/0]
   Mビル            物置

              Nハイツ [8/1]
                          S=○/○○○
```

※本図面は説明のための図面であり、
　縮尺と焼損範囲の記号は考慮していません。

作成年月日　平成　年　月　日
作成者　消防△

ない（添付図2参照）。

* 指揮隊だけでなく消防隊にもカメラが配置されているときは、現場到着時に写真撮影ができれば撮影し、必要により火災状況見分調書に添付するなどして活用します。ただし、この場合の写真撮影は、防ぎょ活動が最優先であることを考慮して実施します。

③ 「防ぎょ活動中における見分状況」の項

防ぎょ活動中に見聞きした状況（視認した内容及び占有者、管理者、付近住民等の供述）で火災調査に必要な内容（出火箇所の判定、火災原因の判定、死傷の理由）を具体的に記載します。

また、防ぎょ活動中に屋内進入に使用した開口部（窓、ドア）の施錠状況、破壊状況を記載するとともに、家具、家電製品、機械設備を移動や破壊した場合で火災調査に必要なときは、その事実を具体的に記載します。

* 防ぎょ活動中（救助活動中、救急活動中）の項で注意することは、防ぎょ戦術、救助方法、応急処置の内容を詳細に記載するのでなく、火災調査に必要な内容を記載することです。そのためには、火災調査員若しくは火災調査の担当の上席職員が、事前に火災状況見分調書を作成する消防隊の小隊長、救助隊長、救急隊長等に対して、本火災の当該部隊のどのような行動、見聞きした内容のどの部分が必要かを説明しなければなりません。

さらに、火災状況見分調書を作成する小隊長の記憶の鮮明なうちに作成させることが大切ですから、火災調査の担当の上席職員は早めに判断して指示することです。
　また、各小隊長（救助隊長、救急隊長）は、火災現場において、火災調査に必要な内容を見聞きしたとき、火災状況見分調書を作成するということを頭に入れて、必要によりメモをとるなどして、記録を残すことです。

〈例〉
　メゾンKWの101号室の玄関扉を確認すると、玄関扉は施錠されているので、ドアを手で叩き呼びかけるも、室内からの応答はない。
　そこで、101号室の各窓を確認すると、北側にある一部割れて黒煙が噴出している窓ガラスは施錠されており、内部の状況も確認できない。
　次に、南側に移動して南側のテラス戸（添付図2の⑤の位置）を確認すると、テラス戸は施錠されているが、室内を覗くと室内の上部は黒煙が充満しているものの下部は室内を見通すことができ、北寄りに位置しているテーブル付近（添付図2の⑥の位置）が炎に包まれており、炎は天井付近まで立ち上がっているが、人影は認められない。
　自隊の隊員に南側のテラス戸から進入する旨を指示すると、B消防士長とC消防士がメゾンKW南側にホースを延長する。
　B消防士長に放水の準備をさせ、C消防士へはテラス戸の開放を下命すると、C消防士はクレセント鍵部分のガラスを手鳶で割り、クレセント鍵を開錠し、テラス戸を開放する。
　本職の下命により、A小隊は放水しながら開放されたテラス戸から内部進入する。
　内部進入すると、南側は6畳間で、その北側が台所になり、台所は炎に包まれ、南側の6畳間に延焼している状況である。
　排煙のため施錠されていた北側にある玄関扉を開錠して、開放する。このとき、ドアチェーンは掛けられていない。
　続いて、各室を検索するが要救助者は認められない。
　残火処理の際、台所内の冷蔵庫及び食器棚を各約1メートル南側（添付図3の⑦⑧の位置）へ移動する（添付図2・3参照）。

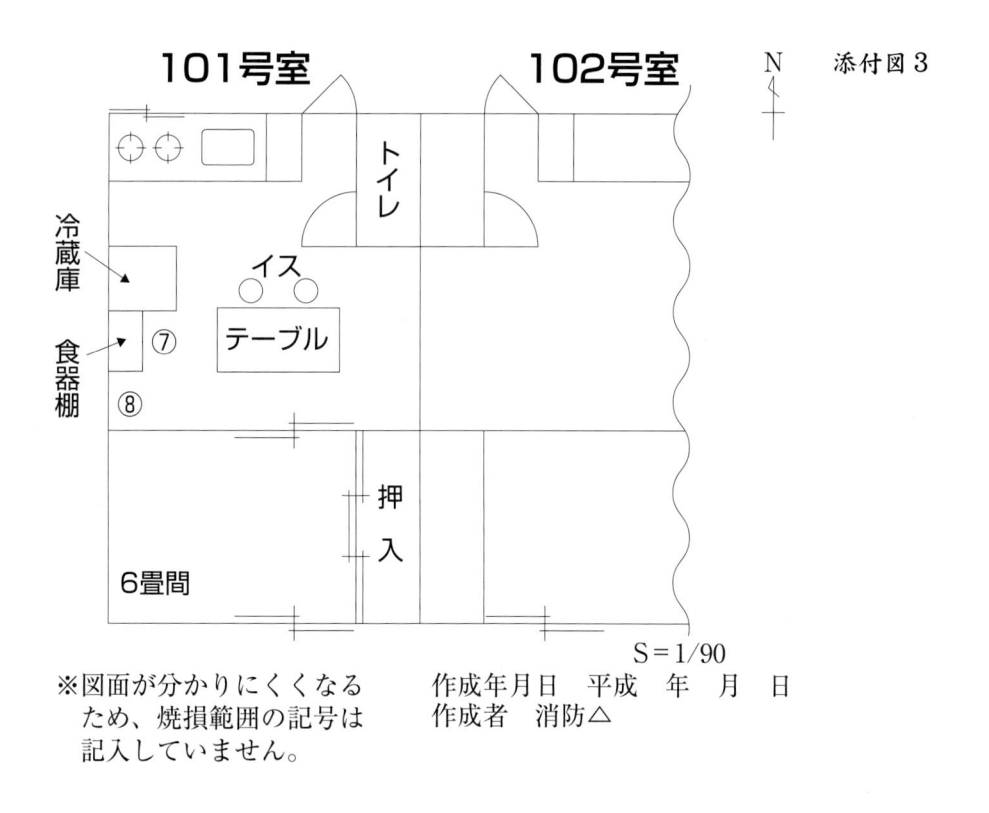

```
        101号室              102号室         N    添付図3
```

(間取図：101号室に冷蔵庫、食器棚、⑦、⑧、テーブル、イス、トイレ、押入、6畳間を配置。102号室は波線で省略。S=1/90)

※図面が分かりにくくなる　　作成年月日　平成　年　月　日
　ため、焼損範囲の記号は　　作成者　消防△
　記入していません。

4　死者が発生した火災における実況見分の留意事項

　死者が発生した火災現場は非常に痛ましく、その扱いにもあらゆる注意が必要になります。
　その注意点としては、遺族への対応のほか、捜査機関の捜査との関係がありますが、ここでは、消防機関の責任の範疇である、火災調査の実況見分に関することについて説明します。
　火災現場で人体を発見した場合は、明らかな死亡状態に該当したために救急不搬送とするか、若しくは現場において医師などの死亡確認がなければ、救急隊により病院へ搬送していることと思われます。
　この場合は、必要により発見した救助隊、消防隊若しくは搬送した救急隊が、発見した場所、発見時、搬送時等の状況について火災状況見分調書を作成し、明らかにすることとなります。
　この場合の火災状況見分調書では、死亡の確認ができていないので「死体」という文言は使えませんから、「全身が焦げている人体」などの文言を使用することとなり、搬送先の病院で医師が死亡確認した後に、「死体」という文言を使うことになります。
　次に、火災現場で明らかな死亡に該当したために救急搬送をしないで現場保存した場合は、発見時の状況について、発見した隊の「火災状況見分調書」により明らかにしますが、この場合も医師が現場において死亡確認するまでは、「死体」という文言は使えません。
　鎮火後の実況見分のなかで死亡確認され、現場保存した死体の見分を実施する場合は、

捜査機関の検視に合わせて実施することが多く、建物や車両などの実況見分を開始する前に実施することと思われます。

現場での検視と同時に「死体」の状況を見分する場合に間違いやすいのが、「焼死体」という文言を使用してしまうことです。死因については、解剖の結果で判断されるものであるため、実況見分調書の中で「焼死体」という文言は使えないはずです。

この「焼死体」という文言については、報道対応での使用に際しても、注意しなければなりません。また、報道機関を含め、外部に発表する場合は、「遺体」という文言を使用したいものです。例えば、「鎮火した火災現場から、男性（性別不明）の遺体が一体発見されました。現在、身元と死因については○○警察で調査しています」などとなります。

死者が発生した火災の場合の実況見分は、捜査機関の検視に合わせた死体の見分を実況見分第1回として、現場の位置及び付近の状況と死体の見分を実施して見分調書を作成し、2回目以降の実況見分で、焼損建物などの見分を実施する方法や建物の外周部から見分を始める班と、死者の見分を実施する班に分かれて、同時進行する方法などがあります。しかし、実況見分は、社会的影響や捜査機関との協力関係などから、現場により実施方法が変わりますので、責任者は捜査機関と連絡をとり、実況見分実施前に各調査員に対して、その実施方法や方針を徹底することが大切です。

路上や空地で発生した、放火自殺の疑いがある火災において、病院への搬送及び現場保存については、前述の死者が発生した火災現場と同様の注意が必要です。しかし、実際の実況見分調書の中でも、「放火自殺」や「焼死体」という文言を使用しているものを見ることがあります。

特に、「放火自殺」という文言を実況見分調書で使用することは、原因判定書で考察する前に原因を特定してしまっている悪い例ですので、注意する必要があります。

死者の発生した火災では、防ぎょ活動中の現場保存に対して、より注意するとともに、実況見分では、死者が着用している衣類の一部や死者の下にある炭化物等を保管して、ガスクロマトグラフィー質量分析計などで鑑定して、油分が含まれているか、含まれていれば何なのかを化学的に証明し、火災の原因調査に活用するほか、鑑定結果を捜査機関に提供するなどして消防機関の存在をアピールすることも必要ではないでしょうか。

また、死者の発生した火災では、消防庁へ報告する死者の調査表の報告項目が詳細ですから、調査漏れのないように注意します。

死者の発生した火災は、自身の管内では度々発生することもないことから、経験が少ないと思いますが、だからといって間違いが許されることではありません。

そこで、一つの方法として、死者の調査表の写しを現場に持参し、その項目を一つひとつチェックしながら調査を実施することで、調査漏れをなくす方法もあります。

5 焼損建物が複数棟認められる火災について（実況見分調書）

焼損建物が複数棟認められる火災は、火災事例で取り上げていないので、その実況見分調書の記載例を説明します。

（文語調＝記載例、口語調＝解説）

① 現場の位置及び付近の状況

　現場は、所轄○○消防署○○出張所から北西へ直線距離約800メートル、K県立○○高等学校から南方へ直線距離約250メートルの地点で、付近一帯は、店舗併用住宅及び共同住宅が混在して建ち並ぶ地域であり、都市計画法による用途地域は、第二種住居地域で準防火地域に指定されている。

　現場の位置と付近の状況は火災事例のなかでも説明していますが、重要な部分を再度説明します。

　現場付近の目標建物から現場までの距離の測定は、図面上で実施されることと思いますが、「学校や病院などの敷地が広い場合の目標建物の基準をどこにするか」という質問を受けることがあります。

　この基準については、「本校舎（本院）の正面出入口」とするなど、事前に定めておくことが必要です。

　消防水利は、半径100メートル以内に公設消火栓が14基点在しており、水利は良好である（添付図1参照）。

　現場の位置の説明に添付する図面は「案内図」となりますが、案内図の縮尺については、固定したものでなく、原則の縮尺を定めておくことが必要です。

　一定の縮尺にしていますと、現場の状況によっては「案内図」にならなくなってしまいますので、その現場の周囲の状況により、担当者が分かりやすい縮尺で作成することが大切です。

　広大な敷地の事業所（工場）、学校、病院、団地等の中で発生した火災については、現場の位置の説明後に「○○工場の構内の状況」などの項目を設け、構内の各建物（校舎、号棟など）や水利の位置関係について、構内案内図などを添付することによって、より理解しやすい調書となります。

　私は、担当者が火災調査書類を作成しやすいように、具体的に内部規定などで定めておくことが必要であると説明していますが、図面の縮尺のように原則を定めておき、担当者の裁量で作成することが必要な場合もあります。

　ただし、この場合も火災調査の上席者が担当者に対して事前にアドバイスをすることが大切で、作成された火災調査書の決裁時に注意することがないようにしたいものです。

添付図1

K県立
〇〇高等学校
正門

N

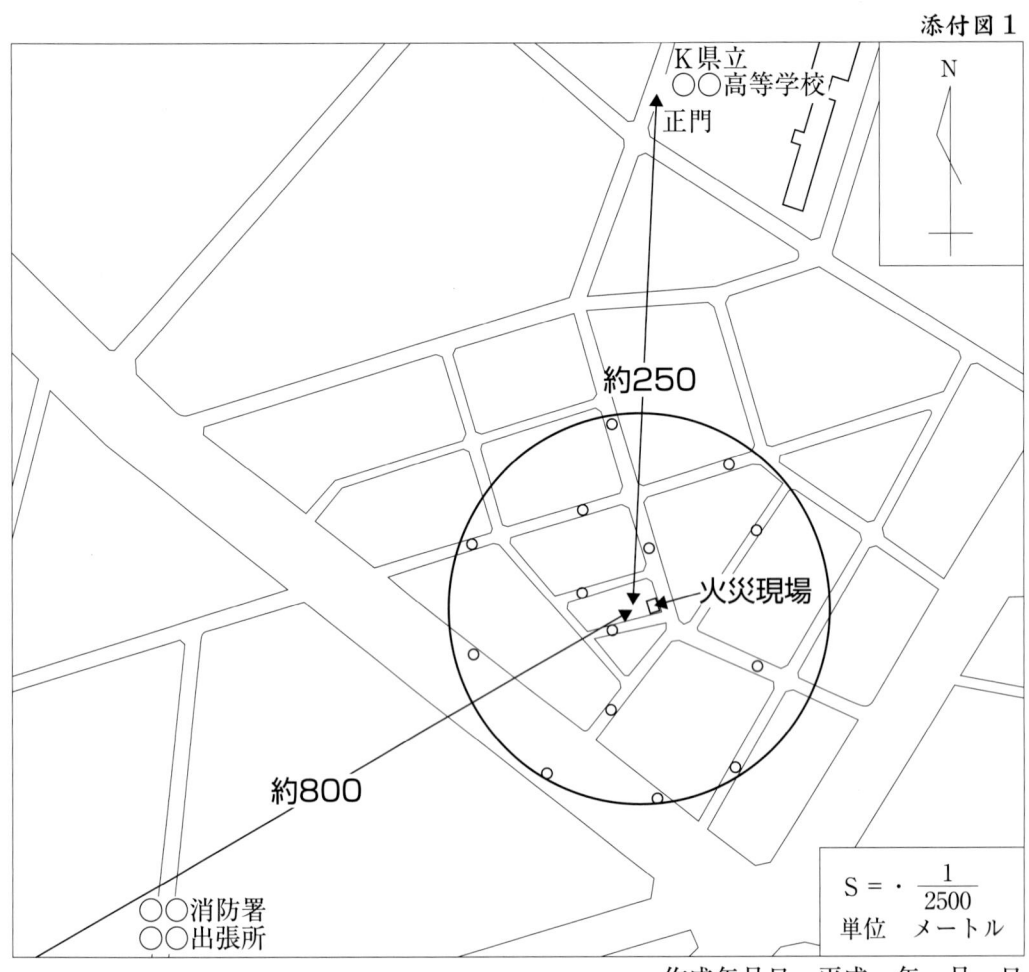

約250

火災現場

約800

〇〇消防署
〇〇出張所

$S = \cdot \dfrac{1}{2500}$
単位 メートル

作成年月日 平成 年 月 日
作成者 消防△

② 現場の模様
　ア　焼損建物の概観について
　　焼損の認められる建物の配置状況は、添付図２のとおりであり、焼損している建物に、別表のとおり①から③までの番号を付して見分する。

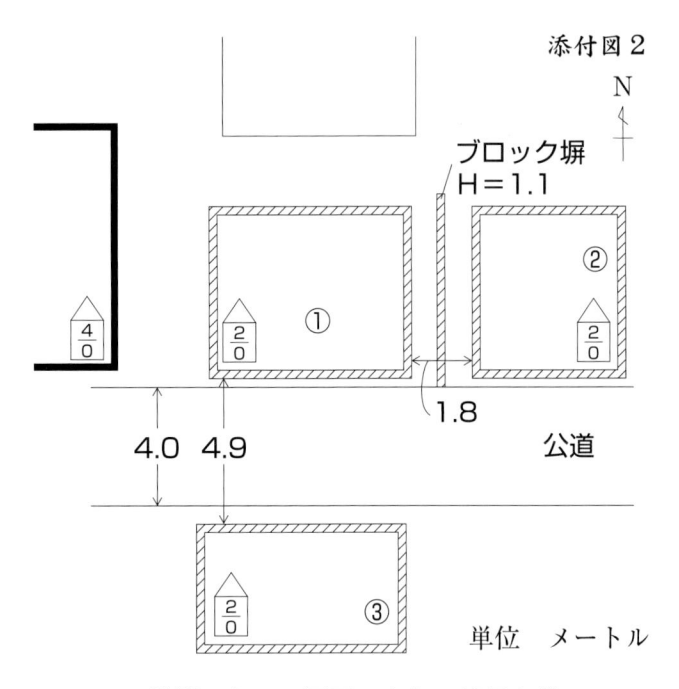

添付図２

ブロック塀
H＝1.1

1.8
公道
4.0　4.9

単位　メートル

※説明のための図面であり、縮尺と焼損範囲の記号は考慮していません。

作成年月日　平成　年　月　日
作成者　消防△

別表

番号	所在地	占（所）有者	用途	り災世帯・人員
①	○○町○丁目○番○号	A（○○歳）	専用住宅	１世帯５名
②	○○町○丁目○番○号	B（○○歳）	専用住宅	１世帯２名
③	○○町○丁目○番○号	C（○○歳）	専用住宅	１世帯４名

　①建物の西側、K区○○町○丁目○番○号に所在する共同住宅「ドエルK」の４階に上がり、開放廊下より各焼損建物の焼損状況を概観する。
　①建物は、東寄りの屋根瓦が約半分落下し、炭化している小屋組材が露出しているのが認められ、小屋組材の間から２階の室内が見通せる状態となっている。

②建物は、①建物の東側にあり、西側の屋根瓦が一部落下し、野地板が炭化しているのが認められる。

③建物は、①建物の南側に位置しており、①建物に面する北側の雨樋が溶融しているのが認められる。

実況見分において、高所からの焼損物の見分は必要であり、特に建物の全焼火災や複数棟（複数の車両など）焼損しているときは、全体の焼けの状況を見分するうえで必要不可欠となります。

現場の周囲に見分に利用できる高い建物がない場合は、梯子付自動車を使用して見分する方法もあります。

ここで、注意しなければいけないことは、高所から見分して現認できることのみを記載することです。

よくある間違いで、高所から見分しているのに、その見分位置からは死角となっている外壁の見分結果を記載することや、高所からではとても見分けることができない詳細な部分まで記載してしまうことがあります。これは、調書を作成するときに、焼損建物の外周部や建物内部を詳細に見分した結果も頭のなかに入っているためです。

見分位置ごとにメモをとり、そのメモに基づいて調書を作成することで、このようなことをなくします。

イ　③建物について

③建物を見分するにあたり、③建物の所有者である立会人のＡ（○○歳）から③建物についての説明を求めると、「この建物は、私が所有している住宅で、昭和58年４月ころ建築し、建築面積50平方メートル、延べ面積100平方メートルで、私の家族一世帯４名が居住しています」とのことである。

後述の火災事例でも説明しますが、実況見分においては、見分している事実と、立会人の指示、説明、建物の確認申請書等で確認している事実を明確に区別し、そのことを実況見分調書に記載します。

また、世帯人員は、損害調査を担当する職員が必要な情報であることと、間取りを確認する際に説明が容易になることから確認しています。

③建物の北側の公道上から③建物を見分すると、③建物は、防火構造２階建、スレート瓦葺、モルタル塗で、①建物から幅員４メートルの公道を隔てて南側に4.9メートル離れている。

③建物の外周部は、①建物に面している北側の雨樋が西側の端から2.4メートルにわたり溶融変形しているほか、その下に位置する２階の窓ガラス２枚にひびが入っているのが認められる。

次に、③建物の玄関から内部に入り見分するも、屋内に焼きや水に濡れた箇所は認められない。

建物の外周部に焼損が認められるときは、類焼棟（この時点で、「類焼棟」という表現は正しくありませんが、説明の都合上、使用しました）であっても、必ず建物の内部を見分します。

　そのことにより、焼けの方向性を確認して、出火箇所の判定や出火建物の判定に引用します。

　また、後述の「火災事例」でも説明しますが、水損箇所についても見分し、水損箇所があれば、その事実を克明に残しておくことが必要です。

ウ　②建物について

　②建物を見分する前に、②建物の占有者の立会人Ｂ（○○歳）に②建物について説明を求めると、「②建物は、Ｋ県○○市に居住するＤの所有であり、平成15年9月に建築された住宅で、建築面積33平方メートル、延べ面積66平方メートルで、建築当時から妻と2人で居住しています」とのことである。

　②建物を敷地内東側から見分すると、②建物は、防火構造2階建、瓦葺、モルタル塗であり、高さ1.1メートルのブロック塀を介して①建物の東側1.8メートルの位置にある。

　②建物の外周部は、…（以下、省略）

エ　①建物について

　①建物を見分するにあたり、①建物の所有者の立会人Ｃ（○○歳）に①建物について説明を求めると、「①建物は、昭和62年4月に建築した住宅で、私の家族一世帯5名が居住しています」とのことである。

　①建物は焼損により間取りが分からない部分もあることから、Ｃに間取り等について指示、説明を求めて付図△を作成し、この図面を参考にして見分を進める。

　焼損建物を見分するにあたり、本事例のように立会人に説明を求めて図面を作成する方法のほかに、確認申請書の図面を参考にすることもありますが、そのことは明確に記載しておきます。

　焼損が著しく、見分しただけでは分からないため、立会人に確認しているにもかかわらず、そのことを明確に記載していない実況見分調書を作成しないようにしましょう。

〈悪い例〉

　焼損が著しく、柱のみになっている火災現場で、「2階を見分すると」「1階の南側の6畳間を見分すると」等と、2階建であることが分からない場合や、その場所が一見して6畳の和室であることが分からないのにもかかわらず、立会人からの情報や防ぎょ活動中に見聞きしたことから決め付けてしまい、実況見分調書を作成する。

　また、「①建物の所有者の立会人Ｃは、建物の建築面積と延べ面積について書類を確認しないと分からない」とのことについて記載していません。これが質問調書

であれば、「建物の面積は書類で確認しないと分かりません」などの供述を記載しますが、実況見分調書では必須事項ではないので、記載していません。

　記載例にあるものでも、必須項目とそうでないものがありますので、あえて立会人Ｃの説明は他の２人と変えてあります。

③　建物外周部の状況

　①建物の敷地内に入り①建物を見分すると、防火構造２階建、瓦葺、トタン張であり、外周部を北側から時計回りに一巡して見分する。

　北側の外周部は、１、２階とも中央付近に幅1.8メートルの窓があり、２階の窓は窓枠が焼失し、霧よけはトタン部分を残し焼失して、窓の上部の外壁のトタンが灰白色に変色している。

　１階の窓は、窓ガラスが破損して、木製の窓枠は上部が破損し、上方の霧よけはトタンが垂れ下がっており、窓の周囲の外壁のトタンが煤けて黒くなっているのが認められる。

　東側外周部は、…（以下、省略）

④　建物内部の状況

　玄関から建物内に入り、まず、玄関正面に位置している階段を上がり２階部分を見分する。

　「実況見分では客観的な事実を見分し、推定はいけない」と説明していることと矛盾しますが、焼け止まりの建物（類焼棟）や焼け止まり箇所から見分することにより、文書は読みやすくなり、現場の状況が分かりやすくなります。

⑤　２階について

　階段の上がり口から２階を見分すると、２階は、階段の上がり口から幅0.9メートルの廊下が西に延び、廊下の南側は８畳間となり、廊下の北側は６畳間となっている。

　まず、廊下を見分すると、廊下は板張りで東寄りの約半分の位置に瓦や天井材の焼き残存物が落下しているのが認められる。

⑥　２階の８畳間について

　廊下を西に進み、廊下の中央に位置している８畳間の出入口に立ち８畳間内の天井を見分すると、天井材はすべて焼失し、スレート瓦は東側約半分が落下して屋外が見通せる。

　小屋組は西側が表面の焼きであり、東側は亀甲模様に焼きしている。

　次に、８畳間に入り東側にある押入を見分すると、押入内は床も含めて何も認められず、襖及び内壁も焼失して外壁のトタンが露出しており、外壁のトタンは灰白色に変色しているのが認められる。

　続いて、南側を見分すると、肘掛窓はガラスが破損し、アルミ製の上框及び縦框の上部が溶融している。

西側は内壁の合板が上方で燃え抜け、木ずりも炭化し、外壁のトタンが露出して一部黒色に変色しているのが認められる。
　8畳間室内は、床面にスレート瓦及び天井材の焼き残存物のほか、衣類、書籍類、寝具等の焼き残存物が散乱している。
　そこで、これらの焼き残存物を取り除き、床面を見分すると、畳敷きで、畳は表面が焼きしているものの燃え込みは認められない。
⑦　2階の6畳間について
　8畳間と廊下を挟んで位置している6畳間に入り見分を進める。
　(以下、省略)
⑧　1階について
　階段を1階に下りて、玄関から順に見分する。
⑨　玄関について
　玄関を見分すると、玄関のドアは内側面が煤けているのみで焼きは認められない。
　次に、玄関のたたきを見分すると、コンクリートのたたき上に靴が数足散乱しており、たたきの東側に設置されている木製の下駄箱は表面が煤けているのみで焼きは認められない。
⑩　便所及び風呂場について
　玄関の北側は便所となっており、その西側に接して風呂場となっている。
　まず、便所の出入口に立ち便所を見分すると、天井材の化粧石膏ボードは西側の一部が破損しているほか、全体が煤けている。
　内壁は化粧合板で、東側は表面が焼きしているのに対し、西側は床から1メートルを残し焼失している。
　(以下、省略)

❹ 火災原因判定書における出火建物の判定の記載例

　「出火建物の判定」は、現場の客観的事実を記載した「実況見分調書」により、各焼損建物の焼損の状況、焼けの方向性から出火建物を考察し、次に、発見者の「質問調書」を引用し、その供述内容から出火建物を考察します。
　さらに、火災状況見分調書を作成していれば、消防隊が現場到着したときの各焼損建物の状況から出火建物を考察します。
　そして、これらを総合的に考察して出火建物を判定します。
　なお、火災状況見分調書を作成する必要がない火災では、実況見分調書と質問調書により考察して出火建物を判定します。

1　実況見分調書
（文語調＝記載例、口語調＝解説）

　実況見分調書によると、本火災で焼損している建物は3棟あり、この3棟について、実況見分調書の中で付された建物番号を引用して検討する。

　①　③建物について

　　実況見分調書に記載のとおり、③建物は①建物に面する北側の雨樋が西側の端から2.4メートルにわたり溶融変形しているほか、その下に位置する2階の窓ガラス2枚にひびが入っているのみで、建物内部に焼きが認められないことから、③建物は①建物がある南側から延焼して焼損したものと考えられる。

　②　②建物について

　　実況見分調書に記載のとおり、②建物は①建物に面する東側の2階の窓ガラスが破損し、ガラスの破片のほとんどが屋外に散乱しているほか、窓枠のアルミ製のサッシは溶融しており、窓の上部の外壁が黒く変色している。

　　また、建物内部は2階東側の6畳間にのみ焼きが認められ、当該6畳間は、西側の内壁や西寄りに置かれている収容物は表面に焼きが認められるが、東側窓付近に置かれている収容物は東寄りの一部が焼失している。また、天井の化粧合板は東の端から2メートルにわたり焼失し、西側は焼きしているが原形を留めている。これらの事実から、②建物は①建物に面する東側から延焼したことを示している。

　③　①建物について

　　実況見分調書に記載のとおり、①建物については、1階の東側に位置している台所は、床面に焼きは認められないものの、食器棚は上部が焼失しているほか、天井はすべて焼失し、天井の東の端は2階の床面も焼失して2階が見通せる。

　　2階は、南側に位置している8畳間とその北側に位置している6畳間にも焼きが認められ、8畳間は天井材もすべて焼失し、東側約半分のスレート瓦が落下している。

　④　実況見分調書による結論

　　以上、①から③までについて検討すると、③建物は内部に焼きがなく、南側の①建物からの延焼により焼損したことは明白である。

　　②建物は2階東側の窓の焼きが著しく、2階の建物内も東側窓付近の収容物や天井面が焼失している事実から、②建物西側の①建物からの火炎により2階東側の窓から延焼したことを示している。

　　①建物は、1階が東側に位置している台所の天井材がすべて焼失し、2階でも2部屋とも焼きが認められ、南側の8畳間は天井材が焼失して、スレート瓦も約半分が落下している。したがって、現場の状況を記載している実況見分調書から、出火建物は①建物であると認められる。

2　発見者の供述

K区○○町○丁目○番○号に居住する無職○○○○（△△歳）は、質問調書に記載のとおり、「焦臭いので、台所の窓を開けて外を見ると、○○さん宅の1階東側の台所の窓から白い煙が出ていました。この時、ほかの建物から煙は出ていませんでした」と供述している。これは、○○方、つまり①建物の内部が燃えていたことを示している。

この発見者の発見時の状況からも、出火建物は①建物であると認められる。

3　火災状況見分調書

火災状況見分調書によると、最先着隊の○○小隊の現場到着時、小隊長の△△消防司令補は、①建物は1、2階の開口部から火炎が噴出しており、②建物は①建物から噴出している炎が吹き付けられていたことを見分している。さらに、②建物内は炎上していないことを見分している。

この見分結果を記載した火災状況見分調書から、出火建物は①建物であると認められる。

4　結　論

以上のとおり、1から3を総合考察すると、「1　実況見分調書」では、②、③建物は①建物から延焼した状況が認められ、また、「3　火災状況見分調書」における△△消防司令補の見分状況、「2　発見者の供述」における発見者○○の発見状況から、①建物の内部から燃えていたことが認められる。

したがって、本火災の出火建物は、○○○○が所有する防火構造2階建の①建物と判定する。

焼損建物や焼損車両が複数ある場合は、別表を作成して実況見分し、調書を作成すると理解しやすくなります。

表の項目については、現場の状況により変更して必要な項目を記載することです。

ただし、実況見分調書の作成時点で特定できない損害程度（損害程度は、損害額により決定しますので、損害額の算出に時間を要す場合は、実況見分調書の作成に間に合わず、記載できないはず）、建築面積、延べ面積等は、状況により表の項目に加えます。

車両が複数ある場合は、車種、車両登録番号、用途等を項目にして別表を作成します。

実況見分調書で使用する焼損建物を一覧にした別表の例

番　号	所在地	占（所）有者	用　途	り災世帯・人員
①	○○町○丁目○番○号	C（○○歳）	専用住宅	1世帯5名
②	:	:	:	:
③	:	:	:	:
:	:	:	:	:

🔥 おわりに

　火災調査書類の書き方について、実例を取り上げて説明させていただきました。
　本書では、火災調査の経験の少ない消防職員の皆様の参考になればと、私の経験から得た火災調査の注意事項を含め、火災調査書類の書き方の基本的なことを中心に説明させていただきました。乱筆、乱文のため、理解しにくい箇所も多々あったことをお詫び申し上げます。本書の内容を『月刊消防』で連載中、全国の消防職員の皆様から励ましのメールや積極的に質問をいただいたことに対して、御礼を申し上げます。
　火災は、1件ごとに現場の焼損状況が違います。そして、占有者、所有者、発見者、通報者及び初期消火者等の火災に関係する者も違い、これら関係者の火災への関わり方も違いますので、同じように調査を進めることもできませんし、火災調査書類の記載内容も違ってきますので、苦労をされていることと思います。
　本書で取り上げました記載例は、当該火災に対する記載例のため、他の火災にそのまま引用することはふさわしくない場合もありますので、十分に注意してください。
　火災調査書類の作成例の出版物がほとんどないのも、同じ火災現場がないことから、そのまま作成例を活用できないためではないでしょうか。
　本書で説明したとおり、各火災調査書類は、その書類ごとに違う作成目的を理解し、その書類に必要な記載項目について、必要な事項を記載することが必須です。そして、書類ごとの注意事項や勘違いをしやすい箇所に関する説明は、どの火災にも共通するところがありますので、そのことを参考に、火災調査書類を作成していただきたいと思います。
　今日、火災調査書類は欧米のような訴訟が多くなっている社会背景や情報公開の時代のなかで、消防機関内部だけで活用されるのではなく、社会に出ていくことが多くなっています。
　そこで、現場の客観的事実（火災原因の判定、出火建物の判定及び出火箇所の判定に必要な事実）は克明に記載し残すとともに、火災の原因判定や出火箇所の判定等では、消防としての検討、考察を十分に行い、そのことを各書類に明確に記載することが必要となります。
　火災調査は、救急や救助のように市民に直接感謝されることも少なく、悲惨な火災を体験して心が痛んでいる市民に対して説明を求めるなど、精神的に苦労をすることもあります。また、火災調査書類の作成は、事務量も多く、他の職員が休んで静かになった事務所でコツコツと書類を作成するという地味な仕事ですが、火災を予防するためには、この火災調査が重要な仕事であり、消防の専管事務です。火災調査を担当している皆様は、このことに誇りをもって、仕事に励んでいただきたいと思います。
　また、火災調査は経験が第一ですから、忙しいと思っても、一つひとつの火災現場を大切にして十分な見分を行い、どこに出しても通用する火災調査書類を作成していただきた

いと思います。
　そして、火災調査で悩まれたときは、お互いに情報を交換して、更なる火災調査技術の向上のために切磋琢磨していきましょう。

第2章
火災事例

事例1 建物火災（微小火源火災）

1　出火時刻と出火場所

　冬の深夜1時過ぎ、K市内の木造共同住宅の一室より発生

2　り災程度

　木造2階建トタン張瓦葺共同住宅、建築面積〇〇㎡、延面積〇〇㎡のうち、〇〇〇号室（占有面積約〇〇㎡）内のこたつ一式、畳4枚、カセットコンロ等の収容物各若干焼損及び天井面10㎡破損並びに△△△号室の天井面が若干水損した。

3　関係者

(1)　火元者

　火元者は、出火室の占有者（50歳代男性）で一人住まいである。

(2)　所有者

　所有者は、出火建物の隣接棟に居住し、本火災を発見後、別棟に居住する息子Aと協力し、初期消火活動を実施している。

(3)　通報者

　通報者はAの妻Bで、初期消火を実施していたAから指示され、110番通報の後、119番へ通報している。

4　実況見分における調査方針

　実況見分では火災現場全体の客観的事実を見分することは、ここで説明するまでもありませんが、現場の責任者は、実況見分を実施する前に、現場の調査員全員が、共通の情報と認識をもつよう、特に、調査経験の少ない調査員には、「何が大切か」「何を中心に実況見分を実施するか」という調査方針を具体的に示すことが大切なポイントで、このようにしないと、やり直しのできない実況見分では、火災原因判定のための貴重な証拠品を見逃してしまうほか、紛失してしまうこともあります。

　また、このとき現場責任者は、質問調書についても、現時点での情報により、「誰から録取するか」「現場での録取か」「消防署での録取か」等を時間、天候、気温、協力者、火元者、供述人の年齢、健康状況等、あらゆることを考慮して指示しなければなりません。

事例① 建物火災（微小火源火災）　45

　なお、火災調査担当部署の上席者は、事前に質問証書の録取事項について、占有者、所有者、発見者、通報者、初期消火者等により、「何を質問するか」をマニュアル等で教養しておくものですが、火災の状況により、特に、注意を要することがあれば、改めて指示することも必要なことです。

　本火災は、防ぎょ活動中の情報収集において、出火当時、出火室にいた占有者の供述が支離滅裂で理解できないことと、爆発音がしたとの供述を複数得たことから、火災調査の経験の少ない職員は、鎮火後の現場で焼損していたカセットコンロを確認して現場保存を行い、帰署後、上司の調査係長へ報告した。
　しかし、9時00分からの実況見分において、現場を見分した調査係長は一目で、
- 　現場の焼き状況は微小火源により出火し、カセットコンロは二次的に焼損した可能性が高いので、客観的事実はすべて確認するが、特に微小火源について十分に注意して現場調査を行い、カセットコンロについては持ち帰り鑑識を行うので、占有者に了承を得て必要な手続をすること
- 　質問調書は、防ぎょ活動中の情報収集結果から、火災を発見し初期消火活動を実施した建物所有者と通報者から録取する等の調査方針と、実況見分実施者、火災原因判定書作成者、図面と写真の担当者等の役割

を改めて各職員に指示しました。
　なお、実況見分実施前に捜査機関と協議した結果、当該調査係長の実況見分の方針は捜査機関も同様であり、調査係長は、カセットコンロの鑑識結果について所轄警察署に連絡するよう依頼されました。

　当該調査係長は、捜査機関からの信頼が厚く、事件性の高いときは捜査機関と合同で鑑識を実施することもありますが、通常の火災原因調査における鑑識は任されています。これは、過去の実況見分において積極的に意見を述べ、それが的確であったことからであり、火災調査の専門である消防機関としては当然のことであるものの、ややもすると、火災原因調査を捜査機関中心に行われることがあるのも実態ではないでしょうか。
　私は、全国の消防機関が当該事例のようになることを望んでおり、そのためには、お互いに特異事案等の情報交換をすることが必要であると考えています。

5 現場写真

出火室の状況

南側の窓

焼損物

写真2-1

灰皿の使用状況

写真2-2

事例① 建物火災（微小火源火災） **47**

定着物と畳の上に敷かれたござを取り除いた状況

写真2-3

畳の燃込みの状況

写真2-4

6　火災調査書類

本火災事例では、質問調書、実況見分調書、火災原因判定書について、説明します。

(1) 質問調書

事例で使用する質問調書の供述人は、出火建物の所有者で、本火災を発見し、初期消火も実施しているほか、火元者の入院中に室内を清掃していることから、室内の家具の配置状況等も把握しています。

第5号様式（第45条関係）

火災番号　No.○○

質問調書（第　回）❶

出火日時　平成○○年○月○日（○）○時○分ころ
出火場所　K市○○区○町○丁目○番○号　❷
上記の火災について，次の者に質問したところ任意に次のとおり供述した

平成○○年○月○日
所　属　○○消防署
階級・氏名　消防△　○○　○○　印

住　　　　　所	K市○○町……
職　業・氏　名	無職　○○　○○
生年月日・年齢	昭和○年○月○日　○○歳　❸
火災との関係	出火建物等の（□占有者□管理者☑所有者） ☑発見者　□通報者　☑初期消火　❹ □その他（　　　　　　　　　　）
質　問　年　月　日	平成○○年○月○日　（○）
質　問　場　所	K市○○区○○町○丁目○番○号○○方居間

❺	1	私が所有する○○荘の○○○号室○○さんの部屋で起きた<mark>火災</mark>について、お話しします。
❻		
	2	○○荘は、昭和○○年○月に建築した木造2階建、建築面積約○○○平方メートル、延面積約○○○平方メートル、各階4室の共同住宅です。建築費は約○○○万円だと思います。
	3	現在の入居状況は7世帯7名です。
	4	アパートの火災保険は、平成○○年○月○日に○○保険に○万円加入しています。
	略	

| ❼ | 9 | ○○さんの部屋は1年以上前からプロパンガスを止められカセットコンロを使用していますが、電気と水道は止められていません。 |
| | 10 | <mark>○○さんは、あまり外出もしないで、昼間から部屋の中で飲酒しているため、火事にならないか、いつも心配していました。</mark> |

	11	普段は酒ばかり飲んで食事もあまりとらないため、栄養失調で、今までに何回か入院したことがあります。
	略	
	24	私が火事を発見したときの様子は、○月○日の午後○○時○○分ころから２階の寝室で寝ていたところ、ドカーンという大きな物音で目がさめて時計を見たところ○月○日の午前○時を過ぎていました。
	25	私は、外で聞こえた物音は日頃から心配していた○○さんの部屋だと思い、トイレの北側の窓を開けて正面にある○○さんの部屋の方を見たところ、南側のガラス戸の西側部分が開いていて、はっきりと○○さんが、窓に背を向けて座って部屋の中で燃えている火を呆然と見ているようでした。
	26	火は６畳間の中央付近から上がっていました。
	略	
❽		平成○○年○月○日　供述人　○○　○○

以上のとおり録取して読み聞かせたところ、相違無い旨申し立て署名した。

質問調書の基本知識

❶ 質問調書の録取回数について
質問調書は複数回録取することがあるので、回数を入れます。

❷ 出火場所の地番以降の個人情報について
質問調書は、任意性を担保するため、供述人に読み聞かせるか、閲覧させるものであり、火元者以外の第三者が供述人のとき、火元者の個人に関する情報を供述人に示すことになってしまいますので、地番以降の個人情報は記載するべきではないと考えます。

私は、現在の方法に変更する前に、出火場所の欄は地番の後に「○○方台所」まで記載していたこともあり、通行人の通報者から質問調書を録取した後、「○○さんの所で、台所で天ぷらでも揚げていて火事になった」等と付近住民に風評され、火元者から苦情を言われた経験があります（実際には、台所のコンセントからの出火でした）。

なお、質問調書の火災の特定は、出火場所に地番の後の個人情報を記載していなくても、火災番号によりできます。

❸ 生年月日の記載について
年齢は、勘違いすることもありますので、生年月日も記載します。

なお、現場で年齢を確認するときも、生年月日を確認することにより、間違いがなくなります。

❹ 火災と供述人の関係について
　火災との関係の欄は該当する項目にチェックし、一目で供述人の火災との関係を分かるようにしています（複数のチェックも可）。

❺ 供述番号について
　供述は、火災原因判定書で引用しやすいように番号を付します。番号は本文と違うので、縦に線を引き、便宜上欄外としています。

❻ 罫線について
　火災調査書類は、パソコンで作成することを前提にして罫線を入れていませんが、質問調書は、現場において手書きで作成することもありますので、罫線入りの様式にしたほうが使いやすいと思います（罫線入りの様式でも、パソコンで作成する場合は罫線不要等とする方法もあります）。

❼ プライバシーに関する供述について
　9、10、11番等のプライバシーに関する内容の供述は、火災原因の判定に必要なことを必要最小限録取します。
　質問の範囲を越えて供述人がプライバシーの話をした場合は、原因判定に必要がなければ記載する必要はないと考えます。

❽ 供述人の署名及び日付の記載について
　網掛けの行は供述人に記載してもらいますが、署名のほか、署名した年月日を記載してもらうことが、必要であると考えます。これは、パソコンで質問調書を作成する際、質問した当日に署名をもらえないことがありますので、質問して供述された日付（質問年月日は鑑(かがみ)に記載箇所があります）と読み聞かせ若しくは閲覧した日付を明確にしておくためです。
　仮に、この日付がないと、鑑(かがみ)の質問年月日に署名したととれる質問調書になってしまうためです。
　私は、供述人の署名年月日を記載する方式に変える前に、「この日に署名していない」「消防の書類は間違っている」等のクレームを受けたことがあります。供述人に説明してトラブルには発展しませんでしたが、署名年月日を入れる現在の方法に変更してからは、トラブルがあったとは聞いていません。
　質問調書への供述人の押印は必要としていませんが、押印の考え方については別途説明します。
　筆文字の「以上のとおり……」の行は、供述人が署名をした後に質問した職員が記入することになりますので、手書きとなります。

供述解説

供述 1

　質問調書の最初は、供述人の火災との関係及び人定に関する内容を記載します。網掛けの部分は、市民は通常「火事」と言いますので、「火事」にすべきですが、市民が「火災」と言った場合は、市民の言葉で構いません。

　しかし、質問者が、「火災」「初期消火」等、消防職員としての専門用語を使用していることが多く、そのことが供述内容に影響することがあるので、質問者は一般的な言葉で市民に分かりやすく質問することが大切です。

供述 2

　2番の供述は、損害調査を実施するうえで大切なことですが、その場で詳細について分からないときは、無理に思い出させて間違った数字を記載するより、「建築当時の建築費は思い出せませんが、書類で確認すれば分かると思います」等と、供述人が申し述べたとおりに記載して、り災届出の提出について、その記入方法等を説明し、り災届出を提出してもらうか、提出がなければ、2回目の質問調書を録取して、損害明細書との整合をとるようにします。

供述 3

　3番の供述は、2番の供述で「各階4室の共同住宅です」との説明があったのですから、「1室は空室ですか」と質問する等、質問しながら関連することを確認することが必要です。例えば、このときに供述人から、①「建築したときは、1、2階各4室の8室でしたが、一昨年、1階の2室を改築して1室にしました」、②「昨年の4月から2階の1室が空室となっています」、③「2階の1室の人は4か月前から入院しています」等の回答があることもあります。

　①の供述があれば、損害額の計算時に増改築のことが必要になります。②、③の供述では、共有部分が焼損している場合の、り災世帯の計上に関係してきます。

　このように供述人は質問事項に対して答えるのであって、火災報告取扱要領を読んでいるわけではありませんので、質問者は注意しなければなりません（本事例では、収容物のみの焼損と天井の若干の破損であり、り災世帯に直接は関係してきませんが、このようなことに注意しておくことが必要です）。

　質問調書を録取するときは、録取する内容をノート等に書いて順番に聞くだけではなく、供述を聞きながら、その供述（情報）を分析するとともに、疑問点を確認することが必要で、その分析と確認によって、正しい情報が得られ、正しい原因の判定につながります。

供述 4

4番の供述では、「アパートの火災保険は…」とありますが、1番の供述で既に「○○荘の…について」としています。

質問調書は供述人の言葉で記載すると言いましたが、ここでは、供述人に「アパートとは○○荘のことですね。○○荘と記載します」旨の説明をして、質問調書の中の文言を統一するとともに、その火災保険の金額は○○荘の金額であると特定することが大切です。仮に、所有者が共同住宅を複数所有している場合は、勘違いすることもあるからです。

供述 10、11

10番の網掛けの部分は、質問者と供述人の「寝たばこにより出火」という先入観があるため、当該供述に疑問をもたないものです。質問者はもちろん、供述人にも先入観をもたせないようにしなければ、他の人に通じなくなります。先入観を排除すれば、「添削後の記載例」のようになるはずです。

11番の網掛けの部分は、質問者が所有者に占有者の話を聞いていることを失念して起こる間違いで、誰の話をしているかを意識していれば、「添削後の記載例」のようになるはずです。

添削後の記載例

10	○○さんは、仕事をしないで、昼間から部屋の中で酒を飲んでは寝て、起きるとまた、酒を飲んでいました。たばこも吸いますので、酒を飲みながらたばこを吸って、そのまま寝込んでしまい寝たばこで火事にならないか、心配していました。
11	○○さんは、酒を飲んで食事をとらないので、栄養失調になり何回か入院したと私に話していました。

供述 24

24番の供述は、供述人が就寝中にどのような音で目が覚め、○○さんの部屋を見て火事を見付けたかが必要なのであり、火災を発見した供述人が何時に就寝したかは、ここでは録取する必要はありません。これは、微小火源の疑いがある火災の建物の占有者から録取する場合は必須の内容ですが、質問者がこのことを勘違いしていると考えられます。

「○月○日の午後○○時○○分ころ……」の供述は、一般市民は通常「夜○○時○○分ころ…」と供述するはずです。

供述人から「このときの時間は、時計で確認した…」との供述があった場合は、必ずどこの時計だったかを確認することが必要です。これは、その時計に遅れや進みがあることもあるからです。そして、必ず該当する時計の時刻を後で確認します。仮に、時計が進ん

でいるか遅れていた場合は、供述人とこの事実を確認して、質問調書の中に「○○の時計は○分進んでいます」等の供述がほしいものです（最近は、携帯電話で時間を確認することが多いですが、この場合も当該携帯電話の時刻を確認します）。

供述

25番の供述は、発見者の発見場所（発見場所により見える物が違いますので、発見場所を特定することは重要なことです。発見者からは、必要により発見したときの図を任意に提出してもらい、質問調書に添付する方法もあります）を明確にしていることと、冬の夜中に窓が開いていたことを明確にしていることは良いことですが、炎の大きさや、煙についての供述がありません。煙については、煙の色や量により、「発見した火災が初期だったのか」「何が燃えていたか」の参考になります。

そして、もう一つ大切なことは、発見時の電気の状況です。これは、発見時点で出火室の電灯に通電されていたかどうか確認できるからです（本事例では質問していないと考えられます）。

また、火災発生直後の占有者がどこにいたかは、大切な情報ですので、本火災事例では、座っていた位置に何か目印になるものがなかったか、確認することが大切となります。

以上の理由等を踏まえれば、24、25、26番は、「添削後の記載例」のようになるはずです。

添削後の記載例

	24	火事を見つけたのは、2階の寝室で一人で寝ているときに「ドカーン」という音で目が覚め、音のした方向が○○荘の方でしたので、普段から心配していた○○さんの部屋だと思い、トイレの北側の窓を開けて、○○さんの部屋を見たときで、○○さんの部屋の窓が開いていて、部屋の中で炎が上がっているのを見て、火事だと思いました。このとき、部屋の電気は消えていました。
	25	音がしたとき、部屋の目覚まし時計を見ると、夜中の○時を過ぎていましたが、何分過ぎていたかわかりません。
	26	○○さんの部屋の炎は、6畳間の中央付近で、約○メートルの高さまで上がり、部屋の中は薄い灰色の煙が上の方に充満していました。○○さんは窓に背を向けて炎から約1メートル離れた布団の上に座り、呆然と炎を見ているようでした。

全体

本火災事例の当該質問調書において火災調査上不足していた部分は、増改築の有無について、り災届出により確認をしたほか、通報者であり、供述人と時間差がほとんどなく本

火災を目撃している供述人の長女から、当該質問調書の録取の後に質問調書を録取（通報者の都合により後になったもの）できたことから、煙の色や量、炎の大きさ、電灯が付いていたか等について録取することができたため、2回目の質問調書は録取しませんでした。

　質問調書は、直接市民を相手にすることと、誤字、脱字、供述人の申立て以外の訂正、加入ができないため、1回目で必要な内容を録取できないときは、2回目、3回目と録取することになり、供述人に負担を掛けることとなります。

　火災調査は法律に基づいて実施しているからやむを得ないと言う方もいると思いますが、私は、火元者ならまだしも、善意の第三者の通報者、初期消火者等からは、「またですか、何度聞くんですか、忙しいのに、次のときはもう通報しない」等と言われることもありますので、市民に負担を掛けずに、市民の立場に立って火災調査を実施する気持ちを忘れずに、市民の火災調査に対する理解を深めることが大切であると考えています。

(2) **実況見分調書**

第4号様式（第38条関係）　　　　　　　　　　　　　　　　　　　　　　　　火災番号　○○

実況見分調書（第　　回） ❶

出火日時　平成○○年○月○日（○）○時○○分ころ
出火場所　K市○○区……
上記の火災について、関係者の承諾を得て、次のとおり現場を見分した。

　　　　　　　　　　　　　平成○○年○月○日
　　　　　　　　　　　　　所　　　属　○○消防署
　　　　　　　　　　　　　階級・氏名　消防△　○○　○○　　印

日　　　時	❷平成　○○年○月○日○時○○分　開始 平成　○○年○月○日○時○○分　終了
場所及び物件	K市○○区………○○荘及びその周辺
立　会　人	❸建物所有者　○○　○○　（○○歳）

1　現場の位置及び付近の状況　　❺
(1) 現場の位置

　　現場は、所轄○○消防署から南西へ直線距離約○○○メートル、K市立○○小学校から、北東へ直線距離約○○○メートルに位置している木造2階建の共同住宅である。

　　付近一帯は、木造及び防火構造の住宅や耐火構造の共同住宅が建ち並んでいる地域で、土地計画法による用途地域は、第2種住居地域で準防火地域に指定されている。（添付図参照）

(2) 現場付近の状況

　　❹以下の見分は、便宜上、北東を北として実施する。

　　焼損建物を中心として、北側は奥行○.○メートルの車庫を介して幅員○メートルの公道、東側は○.○メートル離れて木造2階建の共同住宅「○○ハイツ」、南側は○メートル離れて防火構造2階建○○方専用住宅、西側は高さ○.○メートルの

ブロック塀を介して〇.〇メートル離れて防火構造2階建の〇〇方専用住宅となっている。

2 現場の模様
（1）建物外周部の状況　❻

　焼損建物を北側公道上から見分すると、木造2階建、トタン張、瓦葺の建物で、北側に各階4室の玄関が位置する共同住宅である。

　次に、外周部を一巡して見分するも焼損箇所や破損箇所は認められない。

（2）各室の状況　❿

❼　〇〇荘の全室を見分するも1階〇〇〇号室和室の天井面に若干の水損が認められるが、焼きが認められるのは、2階〇〇〇号室内だけである。

（3）2階〇〇〇号室の状況　⓫

❽　北側玄関ドアから〇〇〇号室の室内に入り見分すると、玄関ドアの上部の内壁に電気の分電盤が取り付けられており、ブレーカーが遮断側となっているのが認められる。

　室内の間取りは、玄関の西側は2.5畳の台所、その東側は0.5畳のトイレとなり、台所の南側は和室3畳間（以下「3畳間」という）、さらに、その奥は和室6畳間（以下「6畳間」という）となっている。

　〇〇〇号室の内壁は、すべて漆喰塗りで、天井は化粧合板張りとなっている。

ア　台所とトイレの状況

　台所に入り見分すると、北側に西の端から、一口ガスこんろ、流し台となり、一口ガスこんろはガスホースが接続されていない。

　流し台は、食器類が雑然と置かれており、台所内に焼きは認められない。

　次に、トイレの引き戸を開き内部を見分すると、トイレは和式便器で、トイレ内に焼き、破損は認められない。

イ　3畳間の状況

　　略

ウ　6畳間の状況

　3畳間から6畳間を見分すると、6畳間は畳の上にビニール製のござが一面に敷かれており、中央付近に焼き物が認められる。そこで、6畳間に入り6畳間を東西南北、中央、天井に分けて見分する。

　（ア）6畳間北側の状況　⓬

　　6畳間の中央に立ち、6畳間の北側を見分すると、3畳間との境の襖付近は、ござの上に粉末消火器の消火薬剤が付着しているのみで、襖、襖の東側にある幅90センチメートルの内壁及び畳の上に敷かれたござに焼きは認められない。

　　この内壁には、襖と内壁の境にある柱に沿って床から15センチメートルの位置に埋め込み式の2口型コンセントがあり、焼きはなく、プラグも差し込ま

れていないが、その直下にプラグの付いた電気コードが３本置かれている。
　そこで、３本のプラグを見分すると、１本のみ、粉末消火器の消火薬剤が若干付着している。
　まず、消火薬剤の付着しているプラグの電気コードを辿ると、６畳間東側内壁の北寄りに取り付けられた壁掛扇風機のものであり、この壁掛扇風機に焼きはないが、羽の部分が黒く煤けている。
　１本は、長さ2.5メートルの２口型テーブルタップの付いた延長コードで、６畳間の西側に延びており、コンセントには西側中央付近に置かれた20インチ型テレビのプラグが差し込まれている。
　１本は長さ２メートルの３口型テーブルタップの付いた延長コードで、６畳間の中央に延びており、３口型テーブルタップの中央にプラグが差し込まれ、そのコードは６畳間中央に堆積している焼き物の中に埋もれている。
　ここで本職は、立会人の〇〇に火事を発見した後にこの部屋へ入ったときのプラグとコンセントの接続状況について説明を求めると、「消火器１本と台所にあった鍋で水を掛けて火を消した後、３本のプラグのうち、どれだかわかりませんが、２本接続されていたので、危ないと思い２本とも抜きました」と説明する。
(イ) ６畳間東側の状況について
　　略
(ウ) ６畳間南側の状況について　**❸**
　　６畳間の南側は東寄りに引き違い式の腰高窓があり、西寄りには木製ラックが置かれている。
　　腰高窓と木製ラックを見分すると、窓ガラス、窓枠及び木製ラックに焼きは認められず、窓ガラスにひび等の破損も認められない。
　　ここで、本職は立会人の〇〇に火災発見時の窓の開閉状況を尋ねると、「向かって左側の窓が開いていました」と説明する。
　　次に、窓の下の床面を見分すると、一面に粉末消火器の消火薬剤が付着しているが、長方形状に粉末消火器の薬剤が付着していない箇所が認められることから、立会人の〇〇に説明を求めると、「火事のときは敷布団が三つ折で置いてありましたが、少し燃えていたので、水を掛けた後、３畳間に移動しました」と説明する。
　　立会人の説明に基づき、３畳間に置かれていた敷布団を６畳間に持ち込み三つ折にして復元すると、粉末消火器の薬剤のない部分と形状が一致する。
　　次に、北側から復元した敷布団を見分すると、三つ折に畳んだ布団の上部の北寄り中央付近が、縦約〇〇センチメートル、横約〇〇センチメートルにわたり表面のみ焼け焦げているのが認められる。

略
（エ）6畳間の天井の状況
　　略
（オ）6畳間中央付近の状況　⑭

　6畳間の北側に立ち、6畳間中央付近を見分すると、こたつ、炊飯器等の焼き物が認められる。

　そこで、これらの焼き物を順に見分すると、焼き物の北寄りにはこたつのやぐらがあり、南東寄りに位置する脚の一部とやぐらの横枠の一部が焼失し南東へ傾いており、こたつ布団とこたつの卓は認められず、こたつの赤外線ヒーターが露出している。

　赤外線ヒーターの北方にはカセットこんろがあり、一部に焼きが認められ、その東方にカセットボンベの噴出部が認められる。

　そこで、噴出部を手に取り見分すると、その内部は茶色に変色しているのが認められる。さらに、その東方には3口型テーブルタップがあり、背面が焼け焦げ、前面は中央のコンセントにプラグが差し込まれているが、焼きはない。このプラグを辿ると、こたつやぐらの南東寄りに位置する電気炊飯器のコンセントであることが確認できる。電気炊飯器は南東側に位置するスイッチ部及び上蓋の取手部分が焼き溶融しており、その上蓋の取手部分にこたつやぐらの南東側に位置している脚の一部が付着しているのが認められる。

　　略

❾　床面上の焼き物及び炭化物を徐々に取り除き見分すると、こたつやぐらの真下部分のござが四角形に、南北は最大で〇〇センチメートル、東西は最大で〇〇センチメートルにわたり焼失して、畳の表面がほぼ同様の形に炭化しているのが認められる。

　炭化している畳のうち、東側の内壁から〇〇センチメートル、南側内壁から〇〇センチメートルに位置する部分は、畳と畳の境目であり、その畳の縁に沿って南北方向に〇〇センチメートル、東西方向に〇〇センチメートルにわたり燃え込みが認められる。

　そこで、燃え込みの上及び内部を詳細に見分するもたばこの吸殻は認められない。

　次に、燃え込みの認められる畳2枚を持ち上げて見分すると、畳の厚さは〇センチメートルであり、2枚の畳とも最大で〇.〇センチメートルの深さまで燃え込んでいる。畳の下の床板を見分すると、焼きは認められないが、畳の境目を中心に==ほぼ円形に==直径〇〇センチメートルの範囲が水で濡れているのが認められる。

案 内 図

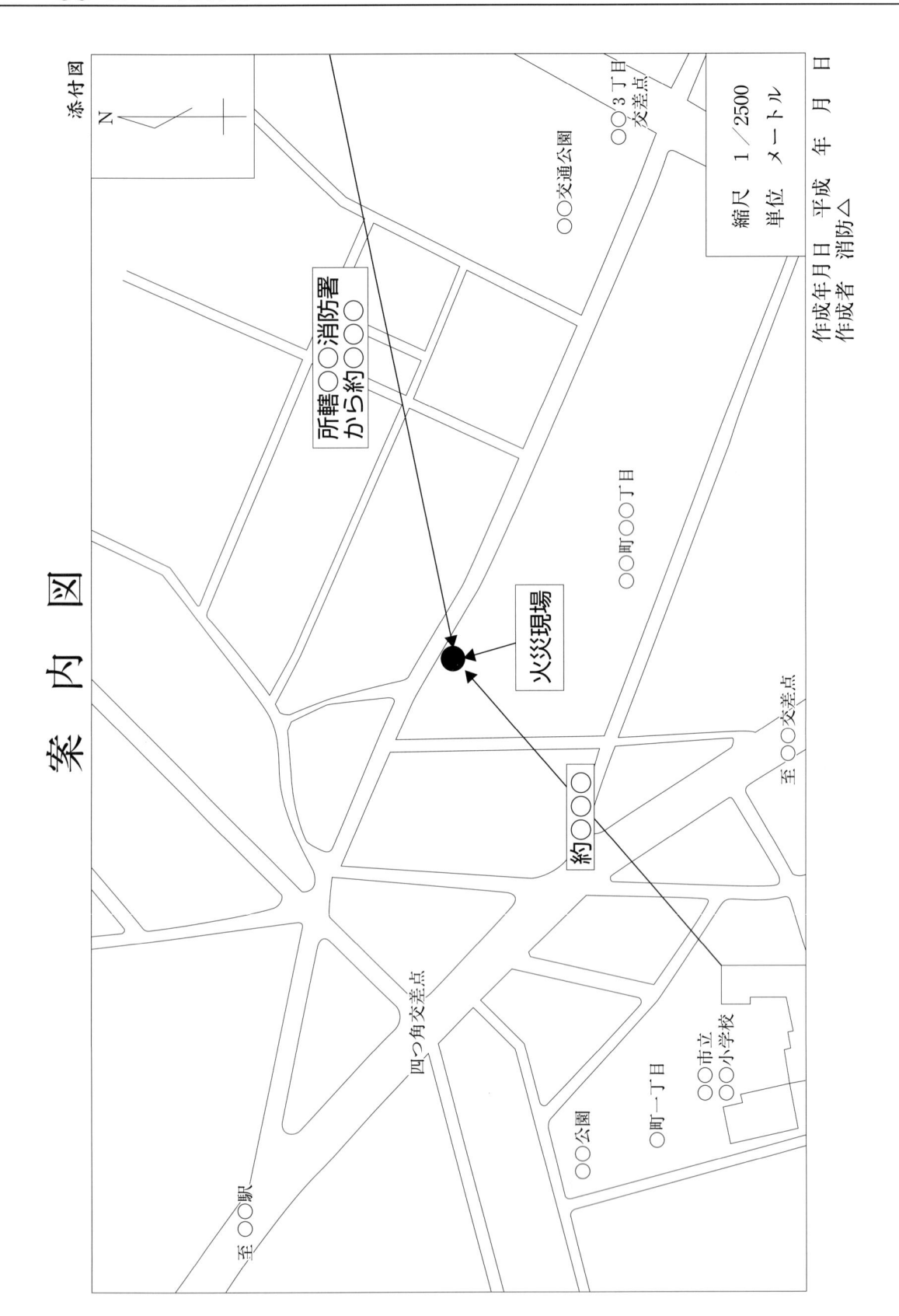

添付図

縮尺 1/2500
単位 メートル

作成年月日 平成　年　月　日
作成者　消防△

火災現場

所轄○○消防署○○○○
から約

約○○○

○○3丁目交差点
○○交通公園
○○町○○丁目
至○○交差点
○町一丁目
市立○○小学校
○○公園
四つ角交差点
至○○駅

事例① 建物火災（微小火源火災）

実況見分の基本知識

❶ 実況見分の回数について
　実況見分は複数回実施することがあるので、回数を入れます。

❷ 実況見分の日時について
　実況見分調書は、火災現場の証拠保全資料であることから、その現場の状況を見分した日時を明らかにしておきます。

❸ 実況見分の立会人について
　実況見分の立会人は、個人の住居の火災調査に対する関係者の承諾、証拠保全資料の信憑性及び公平性の観点から必要です。

　立会人の選定については、捜査機関と連絡を取り、誰を立会人にするか、立会人への連絡担当、連絡方法、実況見分開始時間を決定します（立会人は複数になることもあります）。

　また、工場火災における労働基準監督署、湾岸施設の火災における海上保安署、市役所内の関係部局等との調整、連絡についての担当についても確認します。

　なお、立会人の安全管理及び防寒対策等は、立会を依頼している消防機関若しくは捜査機関で配慮する必要があります。

❹ 網掛け部分「以下の見分は、……」について
　実況見分の対象物（建物、車両、ごみ置き場等）は、理路整然と東西南北の方位に沿って建築されていません。

　実況見分は、原則として、万人が変更することができない方位により見分しますが、方位的に斜めの対象物では、説明が複雑になり、見分者も混乱して、書類作成時に勘違いをしてしまうことが起こります。

　そこで、方位が斜めの対象物は、便宜上方位を変更し、実況見分を実施します（便宜上の方位を指定した後に添付する各図面には、本来の方位と便宜上の方位の両方を記入します）。

❼ 水損箇所の写真撮影について
　実況見分は、開始時間と終了時間を明確にし、その時間内での客観的事実を見分します。

　当然、現場の写真撮影も見分と同時に実施するものです。

　しかし、火災発生の時間の問題、立会人の確保、二次火災の発生等の理由により、実況見分を翌日実施する場合、水損箇所の見分と写真撮影に苦労します。

　そこで、私は、鎮火後のり災程度をおおむね明らかにするための損害調

査において水損を確認した場合、立会人を置き、その状況を見分し、立会人に確認してもらうとともに写真撮影を実施します。そして、帰署後、その水損箇所の写真を印刷して翌日の実況見分に持参して比較します（水損を損害額に計上するか否かは別として、火災により水で濡れた事実を残すためには写真が必要であると考えます）。

そして、翌日、どうしても水損箇所の状況が変わってしまった場合は、鎮火後の損害調査を１回目の実況見分として、水損の状況を残します。

翌日の実況見分は２回目とし、見分時の客観的事実を記載します。

また、当日と翌日の実況見分時、現場の状況の差異が若干の場合は、損害調査の記録に当該写真を添付しておき、損害調査の資料とするほか、市民からのり災届出、り災証明交付時の参考資料とするようにしています。

❽ 見分の位置について

実況見分では、見分の位置と方向を明確にするとともに、「何を見分している」という対象物を明確にしないと、分かりにくくなってしまいます。

❾ 距離の単位について

実況見分調書では、距離を表すことが必ずあります。そして、その距離（長さ）の単位について、一つの書類の中では統一するべきであると言う方もいらっしゃいます。

しかし、私は、例えば５センチメートルを0.05メートルと表現するのは、非常に分かりにくく、間違いを起こす可能性があるのではないかと考えます。

一つの図面の中で単位を統一することは当然ですが、文章の中では各図面に関する説明が前後することもあり、「メートル」と「センチメートル」が混在させることになったとしても、そのほうが分かりやすいこともあるのではないでしょうか。

例えば、建物の配置図、平面図の単位はメートルにして、出火室の拡大図の単位をセンチメートルとしたほうが分かりやすいので、それぞれで統一すると、その説明の文章も当然その図面で使用している単位を用いたほうが分かりやすくなります（メートルと尺や坪を混在させるのは別です）。

「配置図と平面図を比較したところ、同一箇所の距離の数字が違ったために、信用性のない火災調査書類というレッテルを貼られた」という風評を聞いたことがあります。

文言の統一は重要ですが、長さや重量等の単位は分かりやすいほうがいいので、それよりも各図面と文章の整合性を図りつつ、まずは間違いをなくすことが大切ではないでしょうか。

事例① 建物火災（微小火源火災） 61

項目解説

❺ 「現場の位置及び付近の状況」について

現場の位置の項は、第一に実況見分を実施する場所が誰にでも分かるように、消防署、小学校、公園、駅等の公共施設からの位置を示すほか、付近の建物の状況や住居地域などを説明します。

付近の状況の項は、実況見分を実施する建物の周囲の状況（隣接建物の距離、構造、延焼危険等）が分かるように説明します。

周囲が道路や空地等の場合で、隣接棟に延焼危険がない場合は、道路幅員や空地の広さ等を記載します。

現場の位置には「案内図」、現場付近の状況には「配置図」を作成し添付します（案内図と配置図の作成に関する留意事項は別に説明します）。

「現場の位置」及び「現場付近の状況」は、先に図面を作成（図面は別の職員が作成することが多いと思いますので、その際は、実況見分作成者が、図面で使用する文言を事前に明確にしておく必要があります）し、各図面について、実況見分を読む人に説明するつもりで記述すれば、分かりやすい文章になります。

❻ 「建物外周部の状況」について

外周部に焼損が認められない建物の外周部の状況を詳細に記載する必要はないと考えますが、詳細に見分を実施しなくてよいということではありません。

建物火災においては電気の分電盤を見分しますが、分電盤は専用住宅、共同住宅を問わず、室内にあることが多く、共有部分にあることは、あまりありません。

一方、プロパンガスボンベや都市ガスのコックは、屋外、パイプスペース、別棟の小屋の中等にあり、外周部の見分の必須項目となります。

建物火災において、台所が焼損している場合、ガスこんろ（ガステーブル）の使用状況を立証するため、ガスこんろの器具栓やガスの元栓を確認します。

そして、その上流に位置しているプロパンガスボンベのバルブや都市ガスのコックを確認し記録することが必要なはずですが、実況見分調書に記載されていないことがあります。

実況見分では見分しているはずですが、見分者の意識が少なくて記載漏れがあるのではないかと考えられます。

なお、プロパンガスボンベのコック等は、消防隊が防ぎょ活動中に閉止していることが多く、実況見分実施時は「閉」になっていることと思いますので、その事実を記載しますが、必要により「火災状況見分調書」等で「誰が、何時、閉止したか」を明確にする必要があります。

ここで、都市ガスコックの閉止事例の特異事案を一つ紹介します。

本事例は、電気もガスも止められている共同住宅の一室から出火した火災で、一人住まいの占有者は熱傷で入院し、建物の所有者を立会人として、捜査機関と合同で実況見分を実施したものです。

実況見分を実施していると、台所や居室内から、約半分が焼失している割箸が十数本認められました。

「これは何だろう？」と考え、「ライターで割箸に火を付けた？」のか…、しかし、占有者はたばこを吸わない、ライターやマッチも室内にない。ガスは止められて都市ガスのコックは針金で固定されている。しかも、現場でガスの配管の点検をしていたガス会社の職員にガスを止めたときと現在のメーターの数値を確認してもらうと、同じであるとの回答がありました。？？？

そこで、入院中の占有者に尋ねる（気道熱傷もあり筆談）と、「ガスのコックを固定している針金を外し、瞬間的にコックを開き元に戻すと、自動点火式のガスこんろが数回点火できるので、その火を利用して割箸に火を点け、電灯の代わりにしていました。一度、割箸に火を点ければ消えないうちに次の割箸に火を移していました。ガスのコックは、その都度針金で固定していました」との説明があり、実験をしてみると、2、3回ガスこんろが点火しました。

ガスのメーターについて、ガス会社に確認すると、ガスコックを一瞬開いてもメーターは動きませんが、複数回実施すればメーターは動き、ガス会社で不正使用について把握できるとの説明がありました。

なお、本火災事例の原因は、電灯の代わりにしていた割箸の火がこたつ布団上に落下して、出火したものです。

本事例のように、火災現場では日ごろ経験していないことが起こります。読者の皆さまも参考にしてください。

添削後の記載例

(1) 建物外周部の状況

　　〇〇荘を北側公道上から見分すると、木造2階建、トタン張、瓦葺の建物で、北側が開放廊下となり、開放廊下の中央に鉄製の屋外階段が1か所設けられ、各階に4室の玄関が位置する共同住宅であり、北側面に焼損箇所や破損箇所は認められない。

　　次に、〇〇荘の外周を一巡して、東、南及び西側の外周部を見分するも、焼損箇所や破損箇所は認められない。

　　続いて、西側の外壁沿いの中央付近に置かれているプロパンガスボンベを見分すると、50キロボンベが2本あり、ボンベのバルブはいずれも開いていて、集中配管から分岐され、各室の玄関東側の外壁に取り付けられているプロパンガスメーターを経由して室内に供給されている。このメーターの下部にはコックがあり、2階207号室のコックのみ、「閉」の位置に針金で固定されている。

⑩ 「各室の状況」について

　本項は、網掛けの「水損」の部分を、実況見分では「水で濡れている」と表現すべきであることと、各階、各号室の配置の説明がないことから、添削後の記載例のようになるはずです。

　実況見分調書は、対象となる建物をすべて見分することが原則ですが、階数や室数の多い共同住宅では、外周部はともかく、各室内を見分することは不可能に近いことから、防ぎょ活動中に収集した情報から、焼損、破損及び水損している箇所に限られることは、やむを得ないことだと思います。しかし、見分箇所を限定していることは明確にしておく必要があります。

　調査をしていない箇所（室）について、あたかも見分したような書類を作成することは、あってはいけないことです。

　捜査機関は、ほとんど出火建物、出火室の見分ですので、合同で実施する際は、類焼棟（実況見分において、「出火建物、類焼棟等」と表記してはいけないのですが、説明の都合上、ご了承ください）の見分、水損箇所の見分に注意が必要で、実際には、捜査機関との合同見分の前後に出火建物（出火室）以外は実施することになると思われます。

　しかし、実務的には、焼損棟数や水損箇所が多い等時間的に余裕がない場合、範囲を明確にして実況見分を複数の職員に担当させることになるでしょう。

　本事例では、外周部の状況は所有者を立会人として、内部の状況は、各占有者が在宅していたこともあり、いずれも捜査機関との合同見分実施前に見分しました（深夜に発生したこともあり、火災鎮火後の見分では、煙汚損については暗いことと、水損については初期消火活動で使用した水の量が詳細に分からなかったことにより、1階各室は水損のおそれ、2階各室は煙による汚損を中心に確認しました）。

添削後の記載例

（2）各室の状況

　　○○荘を北側の公道上より見分すると、1階は東側から順に101号室から104号室の4室が並び、2階は東側から順に205号室から208号室の4室となっている。

　　次に、1階の101号室から室番号順に玄関から室内に入り室内全体を見分すると、1階は○○○号室の和室6畳間の天井に張られている化粧合板が南の端から2メートル、東の端から1.4メートルの位置で、ほぼ円形に長径30センチメートルの部分が水で濡れ波打っているのが認められるのみで、他の○○○、○○○及び○○○号室に焼き、破損、煤け等は認められない。

　　続いて、屋外階段で2階に上がり、2階の各室の玄関から室内に入り室内全体を見分すると、1階○○○号室の直上階にあたる○○○号室にのみ焼きが認められる。

⑪「2階○○○号室の状況」について

　網掛けの部分の「北側玄関ドアから…」の部分は、「玄関ドアから」は「玄関から」若しくは「玄関のドアを開け」でないと意味が通じませんが、間違いやすい例です。

　網掛け部分の「2.5畳の台所…0.5畳のトイレ…」は和室ではありませんので、「2.5畳大の台所」「0.5畳大のトイレ」「90センチメートル四方のトイレ」と表現するべきです。

　電気の分電盤の見分は室内全体の状況で見分するのではなく、電気の分電盤の状況として項立てしたほうが、原因判定書で必要となる場合も引用しやすいと思います。

　また、本項は、見分の方向と見分の対象が明確でありません。添削後の記載例を参考にしてください。

> **添削後の記載例**
>
> （3）2階○○○号室の状況
>
> 　○○○号室の玄関ドアを開け室内に入り間取りを確認すると、玄関の西側は2.5畳大の台所、台所の東側は0.5畳大のトイレとなり、台所の南側は和室3畳間（以下「3畳間」という）、さらに、その南側は和室6畳間（以下「6畳間」という）となっている。
>
> 　○○○号室の内壁は、すべて漆喰塗りで、天井は化粧合板張りとなっている。
>
> ア　電気の分電盤の状況
>
> 　玄関に立ち、玄関ドア上方の内壁を見分すると、電気の分電盤が設置されており、15アンペアの主ブレーカー、漏電ブレーカーは遮断側となっており、東西に2個ある分岐ブレーカーは、西側の分岐ブレーカーのみ遮断側となっているのが認められる。
>
> イ　台所とトイレの状況
>
> 　（以下同じ）
>
> ウ　3畳間の状況
>
> 　略
>
> エ　6畳間の状況
>
> 　略

⑫「6畳間北側の状況」について

　本事例では、一つの部屋を東西南北の4か所、中央、天井に分けて見分しています。この方法は見分方向が明確で分かりやすい見分方法ですが、位置関係の表現を間違えると分かりにくくなりますので、ここで、位置関係の表現について説明します。

事例① 建物火災（微小火源火災） **65**

見分時の位置関係の表現について

　実況見分に際しては、見分する対象物（物件、備品等）の位置関係を方位や上下で表現しますが、その使用方法について説明します。

```
方位プラス　側、寄り、方
上下プラス　側、部、寄り、方
```

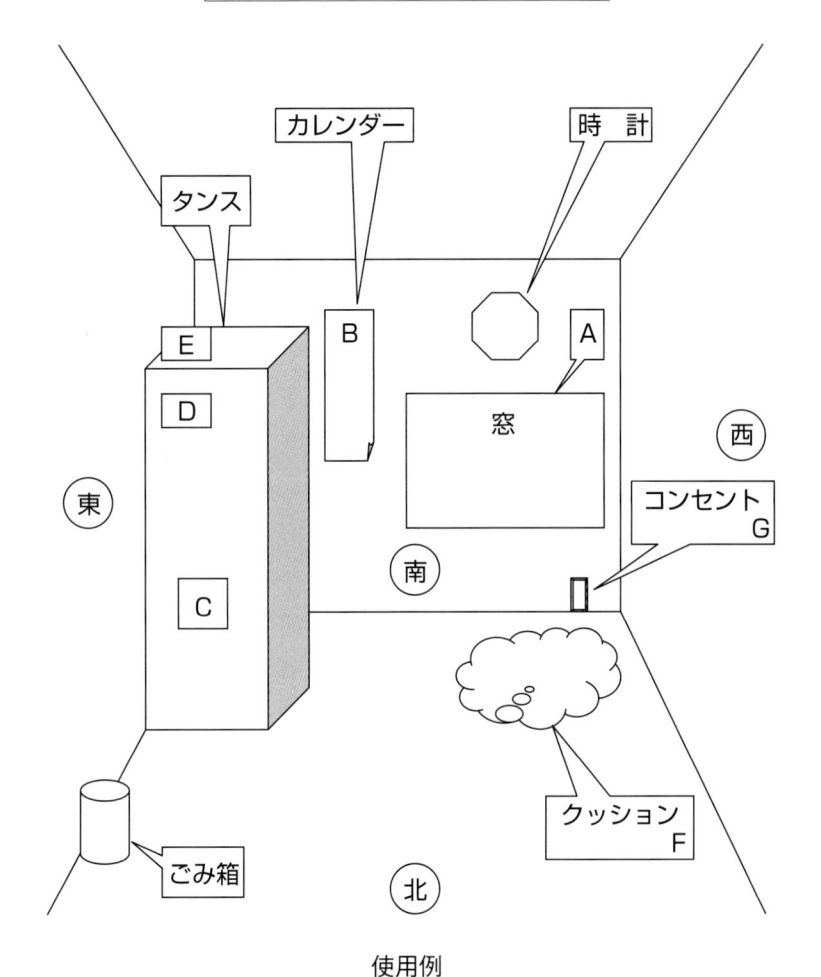

[図：室内の配置図。タンス（E、D、C）、カレンダー（B）、時計（A）、窓、コンセント（G）、クッション（F）、ごみ箱、方位（東、南、西、北）]

使用例

	×	○
A	窓の上部に取り付けられた時計	窓の上方に取り付けられた時計
B	南側の内壁の東側にカレンダーが張られ	南側の内壁の東寄りにカレンダーが張られ
C	タンスの北側に合成樹脂性の円筒状のごみ箱があり、ごみ箱の大きさは………	タンスの北方1メートルに…ごみ箱……
D	―	タンスの上部
E	―	タンスの上側
F	室内の南側は西側にクッションが…	室内の南側は西寄りにクッションが…
G	南側内壁の西側下部にコンセント…	南側内壁の西寄り下部にコンセント… 南側窓の下方の西寄りにコンセント…

網掛け部分の「粉末消火器の消火薬剤が付着し」の表現について、「粉末消火器の消火薬剤が放射され」「粉末消火器が放射され、消火薬剤が付着し」等と、見分者は消火器の放射を見ていないのに先入観でこのような表現をしてしまうことがあります。

　焼けの表現では、「外壁は炎にあおられ…」「窓ガラスは炎を強く受け割れ…」等の表現について、さまざまな文献で実況見分において使用しないように注意されているため、間違いは少ないですが、焼けに関する以外では、まだまだ先入観により表現している箇所が見受けられます。本書の中で、機会あるごとに取り上げて説明します。

　本項では、電気のコンセント、プラグと電気コードについて、その接続状況を確認しています。これは、焼きの認められる室内の発火源となる可能性のある電気製品について、その使用の有無、通電状況を確認するためのもので、出火箇所付近にある場合に発火源となるかならないのかを説明するのに必要となります。

　本事例では、最初に見分した箇所にコンセントがあり、その下にプラグの付いた電気コードが認められたことから、コンセントへの接続状況とその電気コードを辿り、電気製品を見分しています。

　見分方法としては、先に焼きの認められる電気製品を見分し、その電気コードがコンセントに接続されていたかを確認し、その使用（通電）状況について立証する方法が一般的ですが、見分の位置関係により、本事例のような方法もありますので、参考にしてください。

　ただし、複数の同一品（本事例ではプラグ）を見分する場合は、便宜上、プラグＡ、プラグＢ、プラグＣ等と名前を付けて見分し、調書を作成すると、分かりやすくなります。

　また、実況見分の現場では、プラグや電気コードに荷札やガムテープにより、印を付けて写真撮影をしながら見分すると混乱しません。特に、出火箇所付近の電気痕の認められる電気コードは、その接続が分かるように印を付けてから見分や保管をすることにより、間違いがなくなります。

　そして、電気コードの接続状況は、必ず拡大図や状況図の中に記入し供給側が分かるようにして、仮に電気痕が認められるときは、その位置を図面に示すことにより分かりやすくなります（特に、複数の電気痕がある場合は有効です）。

添削後の記載例

　　（ア）６畳間北側の状況

（網掛け部分）
　　そこで、この３本のプラグを見分の便宜上、東側から「プラグＡ、Ｂ、Ｃ」として見分を進める。
　　プラグＡは、粉末消火器の消火薬剤が付着しているものの電気コードに断線や焼きはなく、辿ってみると６畳間東側（以下同じ）。
　　プラグＢは、長さ2.5メートルの……テレビのプラグが差し込まれており、

> 延長コード及びテレビのコードに断線や焼きは認められない。
> プラグCは、長さ2メートルの（以下同じ）。

⑬「6畳間南側の状況」について

　本項では、立会人に火災発見時の窓の開閉状況について説明を求めていますが、発見時の窓の開閉状況は質問調書で録取するもので、実況見分で説明を求めるものではないと思います。実況見分では客観的事実を見分するものであり、窓の開閉状況であれば、実況見分時に「窓が開いているのか」「窓ガラスが割れているか」「窓枠に焼きが認められるのか」、焼きが認められれば、炭化深度の深さと焼けの方向性を見分し、窓枠に焼きが認められれば、火災発生時若しくは延焼中に窓が開いていたことの証明となります。

　床面に残された定着物の跡について、立会人に説明を求めていますが、これは大切なことであり、この場所にあった物品を復元して、焼き状況、焼けの方向を確認するために必要となります。

　網掛けの部分「縦約○○センチメートル、横約○○センチメートル」のうち、「縦、横」の表現は、「南北、東西」と表現する方法もありますが、見分の方向と対象物を明らかにしておけば、「縦、横」の表現のほうが分かりやすいこともありますので、使い分けるべきであると、私は考えます。

　また、「約○○」については、スケールで計測していれば、「約」は必要ないと考えます。「約」を多用すると自信のない実況見分調書であるという感じを受けます。

　消防職員が計測しているのですから、自信をもっていただきたいと思います。

　ただ、長方形ではなく長方形に近い形であるので、「縦が最大で○○センチメートル、横が最大で…」とするほか、○○センチメートルの前に形状を表すことが必要です。

　本事例では、「布団の北側に立ち、布団の焼きの状況を見分すると、東の端から○○センチメートルの位置からほぼ長方形に縦が最大で○○センチメートル、横が最大で○○センチメートルにわたり表面のみが焼け焦げている。」となるのではないでしょうか。

⑭「6畳間中央付近の状況」について

　本項では、6畳間中央付近にある焼き物を見分しており、これらの焼き物の位置関係について説明はありますが、その距離関係と見分している対象物の大きさの説明がありません。例えば、「中央付近を見分すると、こたつ、炊飯器等の焼き物が認められる。」とありますが、これは、「中央付近を見分すると、6畳間の北の端から○○センチメートル、東の端から○○センチメートルの位置を中心に直径○○センチメートルの範囲に高さが最大○○センチメートルで、こたつ、炊飯器等の焼き物が認められる。」「赤外線ヒーターの北方15センチメートルにはカセットこんろがあり、カセットこんろの大きさを測定すると、縦○○センチメートル、横○○センチメートル、高さ○センチメートルであり、ボンベ取

付部付近の一部に焼きが認められ」等とすれば、現場に行っていない人でも分かりやすいはずです。写真を見れば分かるという方もいますが、私は、写真や図面は文書の補足資料であると思います（カセットこんろは、当該箇所の焼き物を見分した最後に保管して持ち帰り、2回目の実況見分を署で実施したため、本項にはメーカー名、製造番号、詳細な焼きの状況等について記載していませんが、保管しない場合は、この時点で前記項目を見分して記載することとなります）。

　説明が遅れましたが、本火災事例の実況見分調書は、写真を別に編纂する方法をとっています。実況見分調書は、文書の中に写真を入れる方法と、文書と写真を別に編纂する方法があります。

　事例②で、文書の中に写真を入れている事例を紹介します。

　網掛け部分の「ほぼ円形に直径○○センチメートルの範囲が濡れている。」は、「…消火水により濡れている。」と表現されることがありますが、これも、先入観による推測である場合は、実況見分調書作成上では避けなければならないことです。

(3) 火災原因判定書

火災番号 No. ○○

火災原因判定書（1号処理）❶

出火日時　平成○○年○月○日（○）○時○○分ころ
出火場所　K市○○区○町○丁目○番○号
（名　称）　○○荘2階○○○号室
火 元 者　職業・氏名　△△　○○○○
上記の火災について、次のとおり判定します。

　　　　　　　　　　　　　　　平成○○年○月○日
　　　　　　　　　　　　　所　属　○○消防署
　　　　　　　　　　　　　階級・氏名　消防△　○○　○○　印

1　出火前の状況　❷
(1) 出火した○○荘は、昭和○○年○月に建築された建築面積○○○平方メートル、延面積○○○平方メートルの木造2階建の共同住宅で、所有者は、K市○○区○町○丁目○番○号に居住するA（職業　○○歳）である。
(2) ○○荘2階○○○号室は、火元者のB（職業　○○歳）が昭和○○年に、父親とともに入居し、平成○○年に父親が死亡した後は、1人で居住している。
(3) 火元者のBは、生活保護を受け生計を立てていたもので、平成○○年○月○日に栄養失調で入院し、同○日に退院して自宅で静養していたものである。
(4) Aは、○○荘の南方1メートルに隣接する自宅2階の寝室で就寝中、爆発音により目覚め、普段から気にかけていたBが居住する○○○号室を2階のトイレ北側の窓から見たところ、開いていた○○○号室南側の窓越しに、室内で炎が立ち上がっていた本火災を発見したものである。

2　出火時刻の推定　❸

発見者のAは、爆発音の直後に火災を発見し、すぐに火災現場へ駆け付けて初期消火活動を行っていること。
　また、通報者のC（職業　○○歳）は、自宅寝室にいた○時○○分ころ爆発音を聞き、何かと思っていると、隣にある夫D（職業　○○歳）の実家から義母が来て通報を依頼されたが、状況が分からないので外に出ると、○○荘２階の室内の炎を窓越しに確認して火災を認識し、実家の玄関先の電話機で通報しようとしたが、玄関にあるはずの電話機の子機が見当たらなかったので、義父のAが持っていると思い火災現場に駆け付けたところ、義父は電話機の子機を持っていなくて、義父と一緒に初期消火活動をしていた夫のDから110番へ通報するように指示され、実家に戻り居間の電話機（○○○―○○○○）を使用して110番通報して３分程通話した後、警察官の指示により119番通報しており、この通報を消防局指令センターでは○時○○分に覚知していること。
　以上の通報までの関係者の行動及び現場の焼き状況から考察して、本火災の出火時刻を覚知の19分前、即ち○時○○分ころと推定する。

3　出火箇所の判定　❹

　添付実況見分調書（第１回）に記載のとおり、本火災で焼きが認められるのは○○荘２階○○○号室の和室６畳間（以下「６畳間」という）のみであり、６畳間の中で強い焼きが認められるのは、６畳間中央付近に置かれた収容物であり、収容物は南東方向からの焼きが認められ、収容物の南東部分の畳には微小火源特有の燃え込みがあり、その周囲に炭化物が散乱していること。さらに、収容物の焼き物の南東付近には雑誌等の紙類が認められ、畳の燃え込みと接する雑誌に炭化が認められること。
　以上のことから、本火災の出火箇所は、２階○○○号室の和室６畳間中央に置かれた収容物南東角付近の畳上と判定する。

4　出火原因の判定　❺

　出火原因として可能性のある放火、電気関係、カセットこんろ、たばこについて検討する。

(1)　放火について　❻

　ア　Aは、出火した○○○号室に到着したとき、玄関ドアは施錠されていなかったが、周囲に不審者を見ていないこと。
　　　また、出火当時、占有者のBは在室していたことから、外部者による放火は考えられない。
　イ　Bは火災保険に加入していないこと。
　　　また、所有者との間にトラブルがないことと、無職で生活保護を受け生活しており、居住場所を無くしてしまう自らの放火は考え難い。

(2)　電気関係からの出火について

　ア　３口型テーブルタップの延長コードについて　❼
　　　６畳間の電気コードで電気痕の認められた長さ２メートルの３口型テーブルタ

ップの延長コード（以下「延長コード」という）は、6畳間北側西寄りの内壁に設けられているコンセントから、6畳間中央に延長され、炊飯器のコードが接続されていたもので、延長コードは、実況見分時にコンセントの下に置かれていたプラグのうち、プラグの差し刃部分に粉末消火器の消火薬剤が付着していないことから、初期消火後にプラグが抜かれたと考察できること、さらに、コードに電気痕が認められることから、出火当時、電気が供給されていたことは明白であるが、コードは電気痕の付近の一部にのみ焼きが認められ、電気痕の付近の収容物は表面のみの焼きであり、畳の燃え込み箇所からも60センチメートル離れている。

　以上のことから、電気痕は2次痕であると考察でき、延長コードからの出火は考えられない。

イ　電気炊飯器について　❽

　電気炊飯器のコードは、通電状態であったと考察できる延長コードのテーブルタップに接続され、炊飯器のスイッチとなっている取手の部分が溶融し電気コタツの脚が付着していたものの、電気炊飯器の内部に焼きがないことと、スイッチの部分の樹脂部分を取り外し見分するもスイッチ等の基盤には短絡及び焼きが認められないことから、電気炊飯器からの出火は考えられない。

ウ　電気こたつについて　❾

　電気こたつは、燃え込みの認められる畳の直上に位置しており、脚が一部焼失し、赤外線ヒーターが変形していたが、実況見分時、コードのプラグはコンセント及びテーブルタップへの接続が認められなかったことと、コードに電気痕が認められないこと、さらに、赤外線ヒーターの取付部付近にも焼きが認められないことから、電気こたつからの出火は考えられない。

（3）カセットこんろからの出火について　❿

　カセットこんろは、バーナー周辺に焼きは認められず、周囲に炭化物も付着していないことから、バーナーからの出火は考えにくい。

　また、調理中の出火及びカセットボンベの爆発からの出火については、次のとおりである。

ア　調理中の出火について　⓫

　実況見分調書（第2回）に記載のとおり、カセットこんろのボンベ固定レバーが下がっており、ボンベ固定金具も取付状態であったことから、ボンベは取り付けられている状態であったことが推測される。器具栓つまみは開放状態であり、火災発生時、カセットこんろは使用時の状態であったと考えられる。

　しかし、付近にあった片手鍋は、表向きに置かれたままで内容物もなく、その周囲にほかの調理器具や食材の散乱もないことから、出火当時、カセットこんろの上には何も置かれておらず、調理は行われていなかった可能性が高い。

イ　カセットボンベの爆発について　❿

　実況見分調書（第1回）に記載のとおり、カセットこんろのボンベ着装部が破損し、カセットボンベも本体と噴出部が分裂していること、カセットボンベが落下していた6畳間の東側の押入の引き戸には、ボンベ底部断面と同程度である直径〇センチメートルの円形の穴が開いており、その周辺の床面には押入の引き戸の木片が散乱していること、6畳間の天井は東側と西側の2か所で天井の化粧合板が若干浮き上がっていること。

　さらに、出火当時、爆発音があったことが確認されていることから、カセットボンベが爆発した可能性は非常に高いと推測される。

　しかし、カセットボンベの横に置かれていた片手鍋等は整然と置かれていることと、6畳間南側の窓ガラスは破損が認められないことから考察すると、爆発は小規模であったと推測される。

　また、実況見分調書（第2回）に記載のとおり、❸カセットこんろは、ボンベ装着部の裏面の器具栓付近が白色に変色し他と比較して強い焼きが認められること、さらに、カセットボンベを取付状態に復元したところ、カセットボンベ本体のバーナー側及び上側面に焼きは認められず、下側面のみに焼きが認められることから、カセットこんろは下から炎で煽られた様相を呈している。

　したがって、カセットこんろのボンベは、カセットこんろのバーナーの熱で爆発したのではなく、下方からの火源によりカセットボンベが煽られて爆発したと考えられる。

　以上ア、イを考察すると、カセットこんろはカセットボンベが取付状態で、かつ使用時の状態であったが、カセットボンベ内のガスが不足していたことから、バーナーは立ち消えた状態で置かれていたところ、カセットこんろがボンベを含め下側から何らかの火源により加熱されたことにより、カセットボンベ内に残存していた液化ブタンガスによりカセットボンベが小規模な爆発を起こしたと推測され、カセットこんろからの出火は考えられない。

(4) たばこによる出火について　❹

　実況見分調書（第1回）に記載したとおり、灰皿内のたばこ及びその周辺には異状は認められないが、6畳間の畳には、微小火源特有の燃え込みが認められることと、畳の燃え込みからたばこの吸殻は認められないものの、室内には、たばこ以外に微小火源となるようなものは認められないことから推測すると、占有者のBが吸っていたたばこの火種が床のビニール製のござに落下し、ござを溶融したか、元々当該箇所のござに一部穴が開いていたかで畳に至り、畳が無煙燃焼を継続して燃え込んでいった可能性は十分に考えられること。

　また、燃え込みの周囲には紙類の炭化物が認められ、畳の燃え込み付近の雑誌に炭化が認められることから、畳が無煙燃焼を継続し、付近にあった雑誌等の紙類に

着火し、出火した可能性が高いこと。

　Aの質問調書に記載のとおり、Aは自宅から出火室の窓が開いているのを視認しており、到着時も開いていたと供述していること。

　また、本火災の通報者Cは、質問調書で窓を開ける音がした後に爆発音がしたと供述していること。

　さらに、爆発が起こったにも関わらず、6畳間南側の窓ガラスに破損が認められないこと。

　以上のことから出火当時、6畳間南側の窓は開いていたと推測されるが、外気温がおおよそ摂氏4度である環境下で、6畳間にはこたつ以外の暖房器具が見当たらず、こたつも器具コードがコンセントに接続されていない状況下において、通常窓を開けるという行動は考えにくく、室内に煙が充満していたことから窓を開放したものと考えられること。

　以上のことから考察すると、占有者Bが喫煙していた際にたばこの火種をビニール製のござ上に落下させたが気付かず寝込んでしまい、たばこの火種がござを溶融したか、ござに穴が開いていて畳に至り、畳が無煙燃焼を継続し、付近に置かれていた雑誌類の紙類に接触して着火し、出火したものと考えられ、カセットこんろのボンベの爆発は、有炎燃焼に移行後、炎が拡大したことにより、カセットボンベが加熱され、二次的に起こった現象であると考えられる。

5　結　論　⑮

　本火災は、〇〇荘〇〇〇号室に居住するBが、喫煙した際にたばこの火種がござを敷いた畳の床上に落下したことに気付かず寝込んでしまったことから、たばこの火種がござを溶融したか、ござに穴が開いていたことから畳に至り、畳が無煙燃焼を継続しながらその範囲を拡大し、付近に置かれていた雑誌等の紙類に接触して着火し、出火したものと判定する。

注　記載の順序は、おおむね、出火建物（焼損建物2棟以上）の判定、出火（発生）前の状況、出火時刻の推定（覚知の状況含む）、出火箇所の判定、出火原因の検討、結論及びその他の順で、火災判定について必要な事項を記載すること。

火災原因判定書の基本知識

❶　処理区分について

　火災調査の処理区分について、K市の例を挙げて説明します。

　火災調査は、火災調査に関する規程（以下「調査規程」という）で、火災の種別、損害程度等に応じ、次の1〜3号の区分により処理しています。

　1　1号処理

（1）調査規程第95条に定める火災
　　　　ア　製造物の欠陥（疑い含む）により出火した火災
　　　　イ　出火の原因の判定が困難な火災（判定が困難な火災とは「不明火災」をいいます）
　　　　ウ　その他、消防長が必要と認める火災
　　　（2）建物火災で半焼又は焼損床面積30平方メートル以上のもの
　　　（3）負傷者の発生した火災
　２　2号処理
　　　1号処理以外の火災で損害が計上される火災
　３　3号処理
　　　1号及び2号処理以外の火災で損害が計上されない火災
　　　※　署長は必要に応じて、2号及び3号処理の火災を1号及び2号処理とすることができる。
　　　※　1号処理の火災のうち、負傷者が消防職団員の場合は2号及び3号処理とすることができる（これは、2号、3号処理に該当する火災に出場した消防職員が、出場途上を含めた火災現場で負傷したものを1号処理としないためです）。
　処理区分を分けた理由は、火災調査の経験の少ない職員に煩雑な火災調査書類を最初から作成させると負担になることもあることから、最初は簡略式の3号処理の火災から2号処理の火災と徐々に経験を積み、火災調査のノウハウを習得させ、技術を向上させることと、経験の豊富な調査技術に優れた職員は、各消防署長が指定調査員として指名し、主に1号処理の火災を担当させることにより、不明火災をなくし、調査技術を向上させるためです。

項目解説

❷「出火前の状況」について

　本火災事例では、類焼棟がないことから、出火建物の判定の項がなく、最初に出火前の状況の項となっています。
　本項は、火災原因の判定に必要な焼損した火元の対象物（建物、車両、工作物等）、出火した機械設備及び火元の占有者、管理者、所有者等の出火前の状況や行動を明らかにするものです。
　本火災事例では、出火した○○荘の所有者、建築年月日、建物の構造、規模及び出火室

の占有者の入居状況、最近の状況のほか、火災発見時の状況について記載しています（本来なら出火直前の占有者の行動について記載するべきですが、本火災事例では占有者の供述が支離滅裂で質問調書の録取に至らなかったため、記載されていません。質問調書の録取については、供述が二転三転する該当者からは、その供述に信憑性がないということで、質問証書を複数回録取しますが、本事例の占有者の供述は、通常の域を超えていました）。

（2）は、占有者が出火当時一人住まいであることを説明しています。

（3）の網掛け部分「生活保護…」と「栄養失調で…」のプライバシーに関する内容については、生活保護の部分は、自ら放火した場合に住む場所をなくしてしまうので考えられないこと、ガスが止められていて、カセットこんろを使用していたことの理由として必要です。

また、栄養失調での入院は、食事を摂らず飲酒していることの裏付けとなり、火災原因の判定のために参考となることから、必要となります。

したがって、本項では所有者の質問調書で録取したうち、いつからガスが止められて、カセットこんろを使用し、煮炊きをしていたかということを、記載する必要があります。

（4）の網掛け部分「普段から…居住する」は、Aが気にかけていた「占有者が飲酒しながら喫煙し転寝する習慣があり、火事にならないか」というようなことについて記載しないと、意味が通じません。

火災原因の判定前で矛盾することもありますが、出火前の占有者の状況、行動等のうち、あらゆる発火源や経過に関係する事項は、打消しの項目も含めて記載しないと、原因判定の説明が不十分となります。

❸「出火時刻の推定」について

出火時刻は、消防機関で時間を特定できる覚知時間を基に推定します。

本事例では、占有者の出火前の供述が録取できなかったことから、通報者と発見者の行動を基に記載していますが、時間を推定するために必要な距離の説明がありません。

例えば、網掛け部分の「隣にある夫Dの実家」については、「約〇〇メートル離れた隣の夫Dの実家」としないと、時間がどのくらいかかるのか分からないからです。これも判定者の先入観から起こることです。

また、発見者や通報者等の関係者の行動ですが、火災のときは通常では考えられない複雑な行動をすることがあります。

本事例でも、通報者の行動は義理の母に通報を依頼されてから、状況が分からないとの理由で、外に出て窓越しに火災を確認し通報するまで、複雑な行動をしています。一つの流れであるからと1文にしようとすると、理解されにくくなりますので注意が必要です。

本事例では、義理の母に通報を依頼され、外に出て火災を認識するまで、現場に駆けつけて夫から通報の指示を受けるまで、実家に戻っての通報の状況に分けたほうが、理解されやすいのではないでしょうか。

❹ 「出火箇所の判定」について

　出火箇所の判定について、本事例では焼損箇所が限られていることから、現場の客観的事実の焼き状況のみで判定していますが、本来は、発見者、占有者等の発見時の状況、先着消防隊の現場到着時の確認内容等も必要により記載し、事実と状況から判定するべきです。

　網掛け部分の「6畳間の中で強い焼き……南東部分の畳には」のなかで使用している「強い焼き」というのは、何に比較して「強いのか」ということが必要となります。

　したがって、本事例の場合では実況見分を引用して「6畳間中央付近に置かれていた電気炊飯器、カセットこんろ等の収容物は表面的な焼きであるが、こたつは南東に位置する脚の一部が焼失している。さらに、その下の畳の上に敷かれたビニール製のござは一部焼失し、その下の畳には」というように、具体的に説明すると分かりやすくなります。

❺ 「出火原因の判定」について

　本事例では出火原因を判定するにあたり、放火と出火箇所に認められた発火源として可能性のあるものについて検討しています。

❻ 「放火」について

　放火については、外部、内部放火とも打ち消していますが、本火災事例の占有者は、供述が支離滅裂で精神的に問題がある可能性があることから、内部放火打消しのなかに無意識に火をつけたことの打消しの記述も必要となります。

　火災は一件ごとに現場の状況はもちろん、占有者等の火災関係者の状況が違うので、火災調査を担当した場合、この火災はどのような特徴があるか、一般的でない箇所は何があるかを考え、それらを考慮して火災調査にあたらなければなりません。

　火災調査書の記載例があると、そのパターンにはめ込んでしまうあまり、火災の特徴が抜けてしまうことがあります。

　本書の記載例については、極力パターン化しないように特徴等を説明しますが、読者の皆さんもそのことを念頭に置いてください。

　また、本書の冒頭にも説明しましたが、近年、火災調査書類は弁護士会からの照会を受けるほか、訴訟の資料や証拠として扱われることが多くなっており、弁護士や火災保険会社の調査員もかなり経験を積んで、原因判定の項で「何々についてなぜ検討していないのか」、「そのことを調査していないのか」などと、我々が作成している火災調査書類だけでなく、火災の調査そのものに疑問をもたれるおそれがありますので、注意しなければなりません。

❼ 「ア 3口型テーブルタップの延長コード」について

　本事例では、現場の状況のみ記載されており、関係者の供述が記載されていません。
　関係者の供述とは、Aが実況見分において「初期消火活動の後プラグを抜いた」と説明していること、Cが質問調書のなかで「〇〇〇号室の炎を見たとき、部屋の電気は消えていました」と供述していることです。
　また、3口型テーブルタップの延長コードへの電気の供給についての説明で、実況見分時、主ブレーカー、漏電ブレーカー、2個ある分岐ブレーカーの1個が遮断側となっており、遮断側となっているブレーカーは6畳と3畳間のものであることを確認していることから、3口型テーブルタップの延長コードに電気痕があることは、出火当時、電気が供給されており、当該電気痕は出火箇所に近く、ブレーカーが落ちる前にコードの被覆が焼けて電気痕ができたと考察した結果を記述する必要があります。

❽❾ 「イ 電気炊飯器、ウ 電気こたつ」について

　電気炊飯器と電気こたつについては、その使用状況について占有者の供述が得られなかったことから、次のように現場の状況のみで判定しています。
　電気炊飯器については、3口型テーブルタップの延長コードを介して出火当時電気が供給されていたと推定されるため、焼損箇所のスイッチ部分を分解した詳細な見分結果により、判定しています。
　電気こたつは、実況見分時は器具コードのプラグがコンセントや3口型テーブルタップに接続されていない事実があったことから、簡単に打ち消しています。
　出火箇所付近に認められる発火源となる可能性のあるものは、すべて検討する必要がありますが、現場の状況、鑑定・鑑識結果、関係者（占有者、発見者、通報者、初期消火者）の供述、先着消防隊（出火室へ最初に進入した部隊）の見分状況等により、詳細に検討するものとそうでないものがあるのが当然です。
　すべてを詳細に検討しようとすると、明らかに否定できるものを書きやすいからと延々と記述して、肝心なものになると息切れて、必要なことが記述されていない判定書を見ることがありますが、それはあってはいけないことなのです。

❿ カセットこんろからの出火について

　本項は、出火室で確認されたカセットこんろからの出火について検討しています。
　ここで大切なことは、カセットこんろが出火室で日常的に使用されていたことについての説明ですが、それがありません。
　カセットこんろの使用については、実況見分時、出火室のプロパンガスのコックが針金で固定されていた事実、所有者Aのプロパンガスが何時ごろから止められていたかという供述、及び占有者がカセットこんろを煮炊きに使用していたという供述（本火災事例では

占有者から供述が録取できなかったことから、所有者の供述を引用）を引用して、説明しなければなりません。

これも判定者の先入観から起こる説明不足で、注意する必要があります。

網掛け部分の「カセットこんろは、バーナー周辺に焼きは認められず、周囲に炭化物も付着していないことから」について、こんろのバーナー周辺はこんろが点火されていてもバーナーはガスを燃焼する部分であることから、バーナー周辺に焼きが認められることはないので、カセットこんろのバーナーが発火源となった場合は、バーナーの周囲に着火物が付着しているか、こんろ上部に可燃物が認められ、それらが焼きしていること等の発火源となり得ることを説明するか、発火源となることを打ち消すため、カセットこんろの付近に認められる焼き残存物は表面的な焼きであることを説明するべきです。したがって、「カセットこんろの上方に焼損物はなく、カセットこんろのバーナーや五徳に炭化物が付着していないことと、カセットこんろの周囲に認められる焼き残存物は、表面的な焼きであることから」等の説明が必要となります。もちろん、このことは実況見分調書に記載されていなければなりません。

⑪ 調理中の出火について

本項も占有者の供述が得られていないことから、カセットこんろの見分結果及び現場の状況により考察しています。

本項は、カセットこんろの見分結果や片手鍋の状況等、現場の状況について具体的に分かりやすく説明されています。

⑫ カセットこんろのボンベの爆発について

本項は、カセットこんろのボンベの爆発規模について、カセットこんろの着装部の破損、現場の状況及び供述から考察していますが、網掛け部分の「爆発音があったことが確認されていることから」では、説明が足りません。

ここでは、出火当時、爆発音がしたということを複数の人が供述していることから、質問調書を録取した供述人の供述を引用して、「通報者のCは質問調書において自宅寝室で『ドカーンという爆発音を聞いた』旨の供述をしていることから」と説明するべきです。

質問調書は、火災の原因調査と損害調査のために関係のある者から録取しているものですので、火災原因の判定に際して必要な部分は引用して、判定の根拠とします。逆に言うと、判定の根拠となる供述を必ず録取しておかなければならないということです。

火災原因判定書を作成していると、こういった供述（材料）が足りないと思うことがあるはずです。

これは、火災原因判定書を作成する判定者が質問調書を録取する場合は、火災の原因を判定するという流れが頭のなかにあるため、足りないということはほとんどないのですが、判定者以外の職員の録取した質問調書では、起こる可能性が高いものです。

そのときは、2回目の質問調書を供述人の協力を得て任意に録取することが必要となることもあります。

ただ、安易に供述が足りないからといって、とにかく2回目の質問証書を録取すればよいということではありません。

通りすがりの発見者や通報者には接触することも難しいばかりでなく、質問調書の供述解説（p.53）のなかでも説明したとおり、協力者の市民に負担を掛けないことも大切ですので、質問調書の録取にあたり、判定者やベテラン職員及び上席者は、経験の少ない職員に対して、事前に当該火災の当該供述人に対して必要な質問項目（ポイントとなる項目）を教授することはもちろん、録取した質問調書に目を通し、その時点で足りない部分があればアドバイスすることが必要です。

⑬ 網掛け部分について

カセットこんろ本体の焼き状況について、ボンベが小爆発したことを前項で考察していることから、ボンベがカセットこんろ本体に取り付けられていて小爆発により外れたのかどうかについて、ボンベを復元したカセットこんろの焼き状況を具体的に説明するとともに、カセットこんろ本体の焼き状況について分かりやすく説明しています。「焼けが強い」とだけ表現するのでなく、本例の網掛け部分の「カセットこんろは…」のように具体的に説明し、考察を加えることが大切です。

ただし、考察中のカセットこんろが点火しなくなった状態で、ボンベ内に残存していた液化ブタンガスにより小爆発をしたことについては、カセットこんろに設置されたボンベが点火しなくなった後の残存ガスの量等についてのデータを収集するほか、火災の状況や社会的影響から実験をすることが必要となることもあります。

⑭ たばこによる出火について

本項は、占有者から供述が録取できなかったこともあり、占有者の喫煙の事実について、出火室の灰皿の状況及び微小火源特有の燃え込みから、たばこによる出火について考察していますが、所有者Aが質問調書のなかで、占有者の喫煙について、酒を飲みながら喫煙していることを供述していること、さらに、実況見分において出火室に灰皿の吸殻と同じ銘柄のたばことライター数個が認められた事実を列記して、占有者の喫煙習慣についても説明する必要があります。

また、本火災事例では焼損範囲が狭く、その中心の畳に微小火源特有の燃え込みが認められたので、当該燃え込みは、本火災の出火原因に起因する可能性が非常に高いと考察できますが、所有者Aの質問調書より、一昨日火事になった○○○号室に入ったときは、畳に焼け焦げがなかったと供述していることを引用すれば、より優れた判定書となることでしょう。

出火当時室内に煙が充満していたことについては、窓の開閉や外気温を具体的に挙げて

説明しています。

　煙の充満した部屋にいた占有者が煙に気が付かないで寝ているかということは、読者の皆さんのなかにも経験されている方もあると思いますが、特に飲酒していると、煙が室内の上部から滞留することもあり、意外と気が付かないものです。

　本火災事例でも、占有者からの質問調書があれば、煙に気が付いたときの状況を録取できるのですが、その部分は窓の開閉状況から説明していることとなります。

　ここで、私が微小火源特有の畳の燃え込みで出火箇所を特定するのに苦労した事案を一つ紹介します。

　それは、木造2階建の各階1世帯の共同住宅での全焼火災において、2か所の燃え込み（燃え込みA・Bとします）があったという事案です。燃え込みAは、2階の6畳間にあり、燃え込みは深くありませんが範囲は広く、隣室の4.5畳間の燃え込みBは、燃え込みがかなり深く床板にまで達しており、その北側の押入は床が燃え抜け、1階への延焼拡大の様相を呈していました。

　1階に居住していた発見者は、1階に入ってきた煙に驚いて階段を駆け上り、2階の居室のドアを開けると6畳間に炎が見えたが、その奥の4.5畳間は煙が充満していて炎は確認できなかった旨の説明をしました。

　また、火災の後、占有者は姿を隠したため、所有者を立会人にして実況見分を実施していましたが、出火前の状況が分からず、2か所の燃え込みについて悩んでいました。実況見分を実施していた一部の職員や捜査機関の職員のなかからは、Bの燃え込みに対して、「出火箇所でなければ、これだけ燃え込まない」という意見が出ていました。

　すると、出火室に最近まで居候していた占有者の友人が火災について聞きつけ、心配して現場に来たので、2か所の燃え込みについて何か知っていることはないかを尋ねると、「4.5畳間の燃え込みは1か月程前に占有者が寝たばこで布団と畳を焦がして、私と2人で消しましたが、しばらくすると畳が燻って穴が開いてしまい、また水をかけました。そのとき占有者は、『1年前にたばこをよく消さないで火事になり、消防署が来て消してくれたが、大家さんに叱られたので、消防署と大家さんには内緒にするように』と言っていました」との説明がありましたので、この友人の供述を質問調書に録取させました。

　そして、燃え込みB付近の押入には可燃物が多かったことと、消防隊の注水が6畳間から行われたことから焼けが強くなったと理解でき、出火箇所を特定することができました。

　なお、占有者は出火後2週間ほど経ってから、り災証明が欲しいと消防署を訪れたため、出火前の状況を質問調書に録取すると、燃え込みBは友人の説明どおりで、当該火災については、「寝たばこで布団を焦がしてしまい、水をかけたため眠れなくなったので、近所の飲食店に飲みに行って、しばらくすると消防車のサイレンが聞こえましたので、不安になり自宅近くまで行くと自宅が火事になっていたので怖くなり逃げました」との供述がありました。

　私は、本事例により、燃え込みが認められても安易に出火箇所と決め付けずに、焼けの

方向性等の現場の状況を十分に考慮して判断することの大切さを、改めて実感しました。

⑮「結論」について

　結論の項は、火災の発火源、経過、着火物だけでなく、七何（六何）の原則に基づいて記述します。

　本火災事例は、占有者からの供述が得られなかったことから、現場の客観的事実、所有者の供述等から火災原因を判定しています。

　火災の原因判定は、現場の客観的事実を見極めることが大切であることは何度も説明していますが、本火災事例や一人住まいの占有者が死亡すると、出火前の状況についての供述が得られず苦労すると思います。

　そこで、供述に頼ることなく、現場の状況を重視する火災調査に心掛けることと占有者以外の関係者からの質問調書録取について参考になればと、本火災事例を取り上げました。

事例2　建物火災（電気火災）

1　出火時刻と出火場所

10月の平日の23時過ぎ、営業中の飲食店内において、2階厨房の西側の通路より発生

2　り災程度

防火構造2階建、建築面積〇〇〇㎡、延面積〇〇〇㎡のうち、2階厨房西側の通路壁体の埋込みコンセント1基焼損

3　関係者の供述の概要

(1)　発見・通報・初期消火者

飲食店副店長Aは、Aを含む5人の従業員で営業中の飲食店において、1人で荷物を2階厨房から1階へ運ぶ途中、通路の部分で焦げ臭く感じ、厨房の臭いとは違うと思ったが、念のため厨房に戻り確認するも臭いを感じなかったので、通路に戻ると通路の壁に設置されているコンセントから炎が上がっているのを発見した。

そして、1階自転車置場の粉末消火器1本を取りに行き、消火してから、所轄の消防出張所へ加入電話で通報した。

「2階の通路は、厨房の側で湿気の多い場所である」と説明した。

(2)　管理者

飲食店店長は出火当時不在で、副店長から電話で火災の知らせを受け、現場へ向かった。

「焼損したコンセントの使用状況については、自分を含めて、従業員が使用していた記憶がない」と供述した。

(3)　清掃業者

当該飲食店の清掃の委託を受けている清掃業者は、焼損したコンセントについて、2階の通路の床を清掃する際にポリッシャーの電源として使用していた。

「ポリッシャーを使用するとき、コンセントを引っ張ってしまうこともあるが、ポリッシャーの外周部で壁に当たる部分は8cmの位置であるから、コンセントよりも低い位置となる」と供述した。

(4)　電気工事会社

当該コンセントは、出火の2か月前に渡り配線を接続して厨房に設置したもので、酵素生成装置の電源として使用していた。

「同装置は待機電力25W、最大で550Wの電力を消費するもので、常時通電した状態で、9時00分から21時00分までタイマー運転されている」と説明した。

4　出火原因

出火原因は、本火災事例の実況見分の説明が終わった時点で説明しますので、実況見分を読みながら考えてみてください。

5　火災調査書類

本火災事例では、火災調査を担当する消防職員から一番要望の多い実況見分調書の書き方について、現場での実況見分と消防署で実施したコンセントの詳細な見分の調書を引用して説明します。

なお、本事例の実況見分調書では、文書のなかに写真が表示されています。

(1)　実況見分調書（第1回）

火災番号　No.○○○

実況見分調書（第1回）

出火日時　平成○○年○月○日（○）○○時○○分ころ
出火場所　K市○○区○○町○○○番地○
上記の火災について、関係者の承諾を得て、次のとおり現場を見分した。

平成○○年○○月○○日
所　属　○○消防署
階級・氏名　消防△　○○　○○　印

日　　　時	平成　○○年　○月　○日　○○時　○○分　開始 平成　○○年　○月　○日　○○時　○○分　終了
場所及び物件	K市○○区○○町○○○番地○及びその周辺
立　会　人	A　（○○歳）

1　現場の位置及び付近の状況

（1）現場の位置は、所轄○○消防署△△出張所から東へ直線距離約○○○メートル、❶市立○○中学校から北東へ約○○メートルに位置しており、付近一帯は、店舗及び専用住宅、共同住宅等が混在して建ち並ぶ地域であり、都市計画法による用途地域は準住居地域で、準防火地域に指定されている。

（2）現場付近の状況は、焼損建物を中心に北東側は焼損建物の屋外駐車場、南東側は高さ1.8メートルの万年塀を介して3.0メートル先に木造平屋建一部防火構造2階建の○○営業所、南西側は公道を介して18.5メートル先に資材置場、北西側は幅員6メートルの公道を介して14メートル先に耐火構造7階建の共同住宅がそれぞれ位置している。

2　現場の模様

焼損建物は、防火構造2階建、建築面積○○○平方メートル、延面積○○○平方メー

トルの飲食店「B」である。
(1) 建物外周部の状況

❷　建物外周部を南西側から右回りに見分すると、周囲の壁面、開口部及び屋根に焼損箇所は認められない（写真1参照）。

写真1

(2) 建物内部の状況

❸1階には客席はなく、❹従業員の休憩室、受水槽、倉庫等の用途に使用され、2階は南側が客席、北側が厨房、事務室となっているが、焼きが認められるのは、2階
❺の厨房から事務室に至る通路の一部分に限定されているため、同部分の見分を行う。

(3) 焼損箇所の状況

❺　焼損箇所は、厨房から事務室に至る通路部分で、通路の床は粉末消火器の消火薬剤で薄く覆われている。

通路の北側にはプラスチック製の容器、段ボール箱が置かれている。

焼きが認められるのは、通路の南側壁体の埋込みコンセント（以下「コンセント」という）のみである（写真2参照）。

写真2　　プラスチック製の容器　　　コンセント

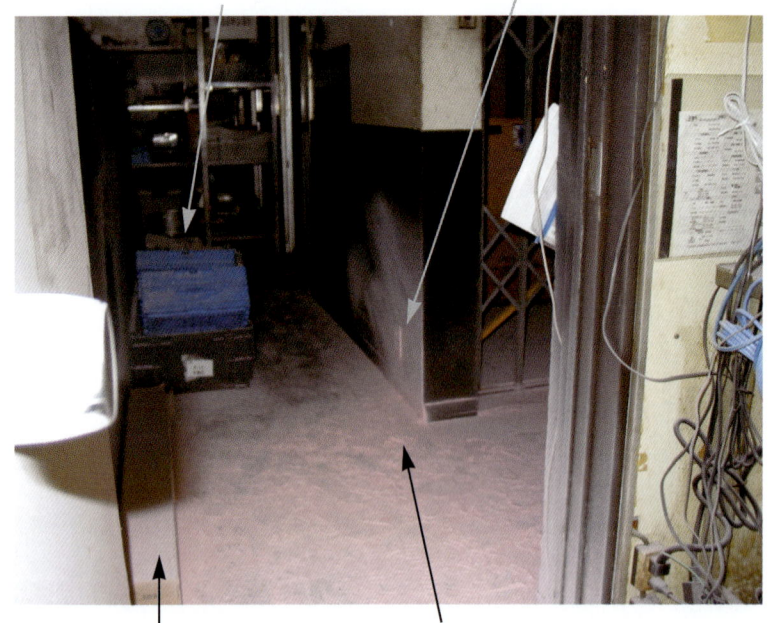

段ボール箱　　粉末消火器の消火薬剤

❻　ここで立会人のA副店長に説明を求めると、「コンセントの中が赤くなっているのが見えました」と説明する。

以後、現場に到着した❼○○電力の職員C氏の協力を得て見分を進める。

コンセントの見分にあたりコンセントへの電源の供給を確認したところ、供給されているとのことであるため、2階の事務室内にある配電盤のブレーカーをオンの状態からオフにする。

コンセントは、2口にアースの接続口が付いた埋込みコンセントで、上方はプラグの差込口が2口、最下段はアースの接続口になっており、❽コンセント及び周囲の壁体に消火薬剤が付着している。

焼きは、2口の差込口部分のうち、向かって左側のプラスチックに認められ、上段の差込口の焼き範囲が広く、内部まで焼きしているのが認められる（写真3参照）。

写真3　　　　　上段の差込口の焼き範囲が広い

（4）焼き状況

コンセントのカバーを取り除くと、内部に消火薬剤と電気配線のケーブルが確認される（写真4参照）。

写真4　　ケーブル　　　　　　消火薬剤

次に、コンセントの本体を取り付けているネジ2本を外して抜き取ると、受刃の金具が本体から外れる。

❾見分すると、受刃に至るケーブルには、受刃付近に若干の焼きが認められる。

そこで、⓫ケーブルに焼きのない供給側で切断し、受刃の見分を行う（写真5参照）。

写真5　　ケーブル　　　　　ケーブルの受刃付近の焼き

コンセント本体　　　　受　刃

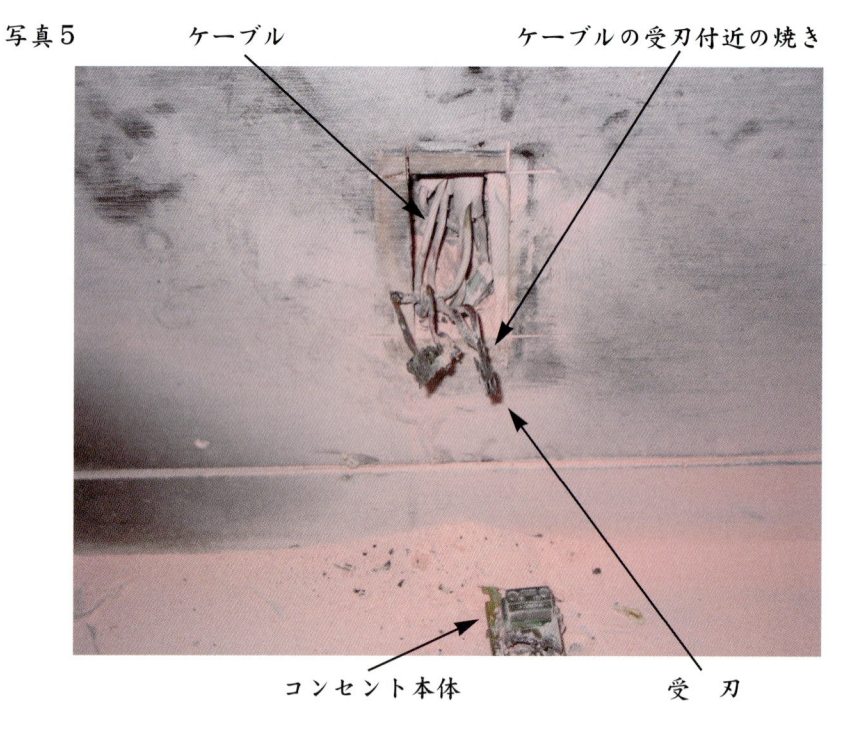

⑫ コンセント本体の裏面を見分すると、プラスチック部分はアースの接続部分を残しており、差込み部分は向かって右側がわずかに残り、左側が焼失している。
⑬

⑭　　受刃は2枚あり、各1枚に電線が2本接続されている。配線の色は赤色と白色である。さらに、白色の電線には、電線を受けているスプリング部分に ⑮ 緑青と呼ばれる銅又は銅合金の表面にできる青緑色の錆が認められる（写真6・7参照）。

事例② 建物火災（電気火災） **87**

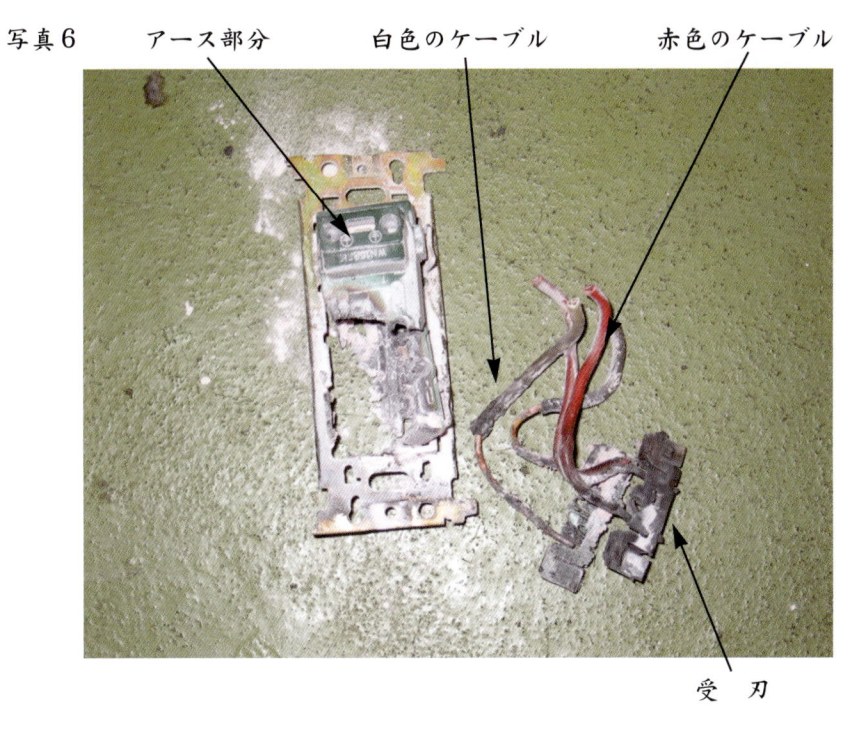

写真6　アース部分　　白色のケーブル　　赤色のケーブル

受刃

写真7　　　　　　　　　　　緑青

　コンセントの詳細を見分するため、立会人のB副店長に承認を得て、焼きの認められるコンセントを保管する。

項目解説

❶ 固有名詞について

網掛けの部分の「市立○○中学校」は、「K市立○○中学校」と正式名称で記載します。

固有名詞を通称や省略した名称で記載している実況見分調書を見ることがあります。通称等は実況見分作成者は当たり前に使用しているかもしれませんが、すべての人が使用しているとは限らず、すべての人に理解されるものではありません。

また、火災調査書類は公文書であり、正式名称を使用するのが当然です。

ただし、正式名称が長く複雑である場合で、複数回、実況見分調書に記載する場合は、最初は正式名称で記載して、後は省略や通称で言い換えることができます。

正式名称を使用するのは、建物名称だけでなく、会社等の法人名、道路、鉄道等のすべての固有名詞です。

〈例〉
- N石油株式会社○○工場：(以下「N○○」という)、(以下「○○工場」という)
- K電鉄株式会社××線△△駅：(以下「K電鉄△△駅」という)、(以下「△△駅」という)
- 主要地方道T線、通称□□道路：(以下「□□道路」という)
- 一般国道◎号線：(以下「国道◎号線」という)、(以下「◎号線」という)

(鉄道会社のうち「東日本旅客鉄道株式会社」は「JR東日本」という通称を使用することが多いですが、この場合も最初は正式名称を使用します)

以上の例のように、「以下～」の名称は作成者が使用しやすいものに言い換えれば煩雑になりません。

❷ 建物外周部の状況について

本項では、建物外周部の構造の説明をしてから、焼損状況について見分内容を記載します。

例えば、「建物外周部を……建物の外壁はモルタル塗り、開口部はアルミサッシで屋根は瓦葺となっており、いずれも焼損や煤けも認められない」とするべきです。なぜなら、防火構造というだけでは、複数の構造材があるため、理解しづらいと思われるからです。写真を見れば理解できるという方もいますが、私は具体的な構造材の説明をする必要があると考えています。

❸ 建物内部の状況について①

冒頭の網掛け部分に「1階に客席はなく」とありますが、これは、焼損建物が飲食店で

あることから、見分者の過去の経験に基づく「飲食店は1階に客席があるのでは」という先入観から書いてしまう文章であり、実況見分調書ではふさわしくありません。

このように、無意識のうちに先入観で記載してしまうことがありますので、注意が必要です。

実況見分調書は、客観的に見分した内容を具体的に記載するもので、見分者の憶測や推測で記載してはなりません。

❹ 建物内部の状況について②

網掛け部分の「従業員の休憩室……事務室となっているが」ですが、これでは見分位置が明らかでなく、各室の位置関係の説明もありません（これは、焼損のない部分は簡潔に記載することもできる旨の説明をしていることもあり、見分者は簡潔に記載し起案していますが、見分位置と建物内の間取り等の位置関係は必要最小限に記載する必要があります）。

〈例〉
「1階南側の出入り口から建物内に入り、1階の各室を東側から順に見分すると、従業員の休憩室……となり、各室とも焼きは認められない。続いて、南東の角にある屋内階段から2階に上がり見分すると、2階は南側が客席……」

❺ 焼損状況の項について

本項はまず、見分位置が明確にされていません。ただし、無意識のうちに見分位置が頭のなかにあるのではないでしょうか、網掛け部分では「厨房から事務室に至る通路」（2か所あります）と表現しています。これは、頭のなかで厨房を中心として、厨房側から事務室側を見分しているためです（写真は事務所側から撮影したものを使用しています。本来は実況見分調書の見分位置と写真撮影の位置が同じ方向のほうが理解しやすい実況見分調書になるのではないでしょうか）。事務所側から厨房側を見分していれば、「事務室から厨房に至る」となるからです。

このように先入観が入らないようにするための記載例としては、「2階の事務所北側の通路を南側から見分すると、通路の西寄りにはプラスチック製の容器、段ボール箱が置かれており、それらも含め、通路の床と通路東側の内壁の下部に粉末消火器の消火薬剤が付着している。さらに、東側の内壁の一部が煤けているのが認められる。そこで、通路東側の内壁を西側から見分すると、埋込みコンセント（以下「コンセント」という）が焼きしているのが認められる」等のように、見分の位置関係を最初に明確にすることが大切です。

❻ 立会人の説明について

網掛け部分の立会人Aの説明ですが、まず、立会人に何について説明を求めているかが記載されていません。これも見分者の先入観によるものです。

また、実況見分における立会人の説明は指示説明に止めるべきであり、本記載例の説明は質問調書で記載すべき供述内容に当たります。

　仮に、ここで指示説明を求めるならば、「このコンセントには何かのプラグを接続していましたか」と実況見分を進めるうえで必要な内容について説明を求めるのではないでしょうか（実況見分を進めるうえで、当該コンセントに接続されていたものがあれば、その物品を見分しなければならないからです）。

　実況見分調書における指示説明は、まず、実況見分を実施している場所についてであることが前提になります。そして、物品があった位置、大きさ、形、向き等であり、立会人の経験や考え方の説明を求めるものではありません。

　実況見分で行うのは、例えば、焼き残存物の堆積場所から電気ストーブが認められたときに、「この部屋で使用していたものなのか」「2階で使用していたものなのか」「2階から落下したものなのか」を判断するため、使用位置、接続していたコンセント等について説明を求め、使用位置を指示させることであり、「電気ストーブをいつ、どこの電気屋で購入して、故障があった」等の説明を求めるものではありません。

　この例のうち、電気ストーブの購入、故障状況等について立会人の経験が火災の原因判定に必要な場合は、質問調書に録取すればいいのです。

　実況見分中の立会人の指示説明において、火災調査の経験の少ない職員が間違えやすいのは、「立会人は実況見分の指示説明に必要なことが何か分からない」ということです。例えば、見分者が立会人に「この電気ストーブは、この部屋で使用していたものですか」と質問した場合に、立会人は良かれと思い（親切心から）「この電気ストーブは、去年までは、2階で長男の△△が使っていましたが、今年は私がこの部屋で12月ころから使用していました。購入したのは5年前の11月ころで、K駅前の電気店で1万円くらいでした。今までに故障したことはありませんでしたが、私は掃除が嫌いで、月に1度くらい雑巾で拭くくらいでした」等と質問の範囲を超えて説明したとすると、それをすべて実況見分調書に取り上げてしまうのです。

　実況見分を実施していると、流れのなかで、立会人がいろいろと説明することがありますが、実況見分調書には必要なことだけを記載して、実況見分にはふさわしくなくても火災原因判定で必要なことは、質問調書のほうに録取することです。

❼ ○○電力の職員Cについて

　実況見分のなかで焼損したコンセントについての指示説明が必要と認めているのであれば、実況見分調書の立会人欄には、Cについても記入します。複数の指示説明をする立会人が必要であれば、すべて記入します。

❽ 網掛け部分について

　この網掛け部分の「コンセント及び周囲の壁体に消火薬剤が付着している」は、❺の記

載例でも示したように、通路に粉末消火器の消火薬剤が認められる旨、粉末消火器の消火薬剤について、その付着の状況を記載しているのですから、「通路と内壁に付着している」とすれば事足りますので、ここで再び内壁に付着していることを記載すると、かえって分かりにくくなります。

実況見分調書は、一度見分した箇所に発掘や再現以外で再び戻って見分すると分かりにくくなりますので、注意が必要です。

また、「消火薬剤」の表現は、最初に「粉末消火器の消火薬剤」として、「(以下「消火薬剤」という)」と言い換えをしていませんので、ここでは「粉末消火器の消火薬剤」としなければなりません。しかし、それでは分かりにくくなることもありますので、正式名称が長く、その後も複数回使用する文言は、初出の際に言い換えておくべきです。

❾ 網掛け部分「見分すると」について

前段で「コンセントの本体…ネジ2本を外して…受刃の金具が本体から外れる」とあってから続きますが、外れた受刃の金具を見分しているのか、何を見分しているかが分かりにくくなりますので、「○○を見分すると」等とします。

実況見分調書は、見分位置と見分対象を具体的に明らかにして記載しなければ、第三者が読んだ場合に分かりにくくなります。

❿ 網掛け部分「受刃に至るケーブルには、受刃付近に若干の焼きが認められる。」について

まず、「ケーブル」という文言について、前段で「電気配線のケーブル」としているにもかかわらず、言い換えをしていないので、「電気配線のケーブル」とするか、前段で言い換えておくべきです。

次に、ケーブル(「ケーブル」と言い換えたとして、説明を続けます)の焼損状況を見分していますが、ここでは焼損状況だけでなく、見分対象となるケーブルそのものの本数、太さ、色等を見分し、その結果を記載して、さらに、どこに接続されている何色のケーブルのどの部分がどのようになっているかを見分し、その結果を記載します。

本事例では、この時点でのケーブルの見分が足りないため、後付けで別のコンセントへの渡り配線についての見分結果が実況見分調書に記載されていません。

また、この時点で立会人の○○電力職員Cに、ケーブルのコンセントへの接続状況が通常と違うことを確認しておく必要があります。実況見分のときに、通常と違うことがあれば、火災原因の判定や打消しのために必要となることもありますので、確認しておくことです。

この通常でない状況(日常の生活では考えられない状況等)については、実況見分はもちろんのこと、火災防ぎょ中であっても、現場保存をして確認することが大切です。

私が経験した、日常生活では考えにくい事例を一つ紹介します。

その火災は、共同住宅の一室から発生した火災で、出場時間が深夜の3時過ぎでした。

私は、現場到着してすぐに、延焼中で防ぎょ活動をしている部屋を確認すると、寝具が部屋の隅に丸めて置かれているのを認め、「深夜のこの時間に、なぜ寝具が丸めてあるのだろう？　当該部屋には、まだ消防隊も進入していないのに」と考えていました。そのとき、防ぎょ隊員が「寝具は再燃のおそれがある」と、屋外に搬出しようとしたので、先程からの疑問があったことから、現場保存を防ぎょ隊員に下命しました。

　実況見分の際、この布団を広げると、掛・敷布団の中央が焼失していました。実況見分に立会っていた占有者は、当初、「居室の南側に置かれているビデオテープ付近から炎が出ていた」と説明していましたが、布団の焼失箇所について説明を求めると、供述を変えて「火事に気が付いたときに、布団が燃えていたので、消そうとしているうちにビデオラックへ燃え移りました。そして、布団を丸めて部屋の隅に置きました」という旨の、指示説明の範囲を超えて説明をしました。

　このように、日常では考えにくいことを火災現場で経験することがありますが、そのことが火災の原因判定に繋がることがありますので、注意することが必要です。

　本事例では、再燃防止が第一で、屋外へ搬出した布団を復元すれば足りるという方もいると思います。しかし、屋外で掛・敷布団がバラバラになることもありますし、他の焼損物と混じることもあり、復元して焼損状況について証明することが難しくなることもあるほか、立会人も正直に説明をしない可能性もありますので、私は、現場保存をしながら再燃防止に注意することが大切であると思います。

⑪ 網掛け部分「ケーブルに焼きのない供給側で切断し、受刃の見分を行う」について

　ケーブルの切断に対して、「受刃の見分を行う」と後段にありますが、何のためにケーブルを切断するのか説明が足りないことから、作成者だけにしか分からない見分調書になっています。

　実況見分実施中の一般的な注意事項として、「電気配線を切断する場合は、同じ長さの所で切らず、隣接する電気配線は長さを変えて切断する」ということがあります。

　長さを変えることにより、再現することがあっても容易にできます（本事例のように配線の色で判断できるときは分かりますが、配線被覆が焼失している場合は長さを変えることが必要となりますので、習慣付けしておくことが大切です）。

　また、複数の電気配線を切断する必要があるときは、各配線に荷札やガムテープ等で印を付けてから切断します。

　ここで、電気配線の見分で注意することを一つ説明します。

　電気配線の見分は、焼損箇所だけでなく、当該配線の供給側、負荷側ともに辿って見分することです。

　特に、配線被覆が熱の影響を受けて「ブヨブヨ」になっているときや、配線被覆のみが一様に焼きしているときは、ジュール熱が発生した可能性が高いことから、短絡、接続部の緩み、不均等な接続等の原因箇所を特定するためです。

短絡等の原因箇所が配線の焼損部分であることもありますが、離れた場所でレアショートを繰り返したり、接触部の緩み等により離れた箇所の配線のねじれ箇所や折れ曲がり箇所、劣化箇所が出火点となることもありますので、根気よく配線を辿ることが必要です。

私は、車両火災で、「室内の助手席側ダッシュボード下部の電気配線及び周囲の合成樹脂製ダッシュボードの一部が焼損した火災において、1本の電気配線がブヨブヨになっていたため辿っていくと、その配線はエンジンルーム内の後付けされたフォグランプのリレーのものであり、そのリレーがカプラーから外れ、ボディと接触していたことが確認できた」という事例を経験しています。

そして、この火災事例をとり上げ、「火災原因の究明、特に電気に起因すると思われる実況見分においては、焼損部分だけを見分するのではない」ということを、後輩職員へ伝授しています。

⓬ 網掛け部分「コンセント本体の裏面を見分すると」について

まず、コンセント本体を「取り外して」という説明が不足しています。

また、写真6のコンセント本体は、上から下に開いて撮影していますが、左右どちらかに開いて撮影し、見分するほうが分かりやすいでしょう。

これは、炎の性状から焼けの強弱、方向性を比較するのに、撮影の際に上下を変えてしまっては、分かりにくくなるためです。

⓭ 網掛け部分「差込み部分は向かって右側」について

一見正しいようですが、コンセント本体は、この時点ですでに取り外しているので、「取り付けられていた状態で向かって右側」とするか、「向かって左側の」という表現の後に、「以後のコンセントの見分は、コンセントが取り付けられていた状態で、向かって上下、左右とする」等と見分上の決まりごとを定めておく必要があります。

⓮ 網掛け部分「電線」「配線の色」「白色の電線」について

前段まで「ケーブル」としていたものが、ここでは「電線」や「配線」という言い方となり、文言の統一がされていません。

❿のところで説明した「ケーブル」の色等について見分していますが、この部分は、受刃を詳細に見分するためにケーブルを切断した後ですので、外見を見れば分かるようなケーブルの色や本数等は、最初に見分したときに記録し、実況見分調書若しくは質問調書に記載しておいたほうが分かりやすいと思います。

⓯ 網掛け部分「緑青と呼ばれている銅又は銅合金の表面にできる青緑色の錆」について

実況見分調書は見分した結果の客観的事実を記載するものであり、このような説明は必要ありません。この「緑青」の説明が火災原因の判定のために必要ならば、火災原因判定

書に記載します。

(2) **実況見分調書（第2回）**

火災番号　No.○○○

実況見分調書（第2回）

出火日時　平成○○年○月○日（○）○○時○○分ころ
出火場所　K市○○区○○町○○○番地○
上記の火災について、関係者の承諾を得て、次のとおり現場を見分した。

　　　　　　　　　　　　　　　　平成○○年○月○日
　　　　　　　　　　　　　　　　所　　属　○○消防署
　　　　　　　　　　　　　　　　階級・氏名　消防△　○○　○○　印

日　　　時	平成　○○年　○月　○日　○○時　○○分　開始
	平成　○○年　○月　○日　○○時　○○分　終了
場所及び物件	電気コンセント
立　会　人	C　（○○歳）

1　○○消防署△△出張所事務室において、焼損している埋込みコンセント（以下「焼損コンセント」という）を詳細に見分する。
　　まず、❶焼損コンセントと同型のコンセント（○○電工製造型式△△１５３２△（以下「同型のコンセント」という））を○○株式会社から入手し比較を行ったところ、入手したコンセントは、表面にプラグの差込口２か所、アース接続部１か所があり、裏面にはケーブルの差込口２か所、アース差込口１か所が認められる（写真１～４参照）。

❷　写真1　　　　　同型のコンセント（表面）

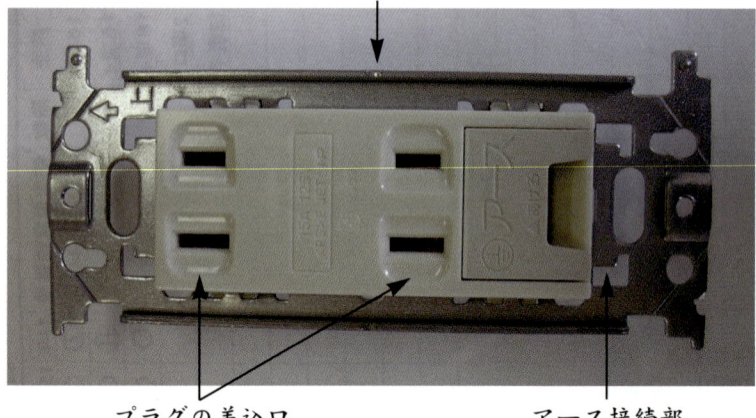

プラグの差込口　　　　アース接続部

事例②　建物火災（電気火災）　**95**

写真2　　焼損コンセント（表面）

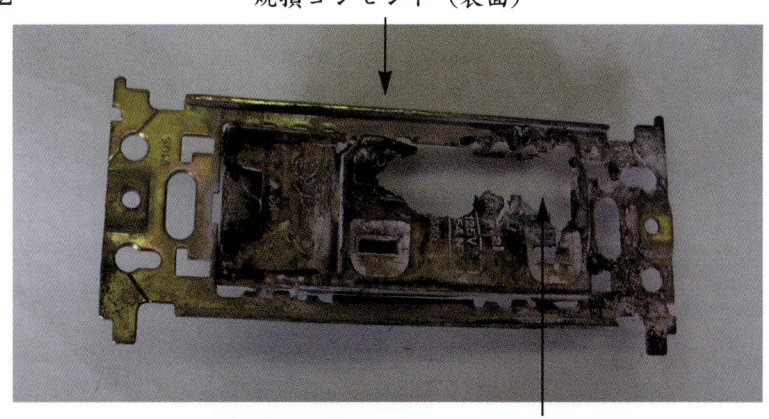

焼失部分

写真3　　同型のコンセント（裏面）

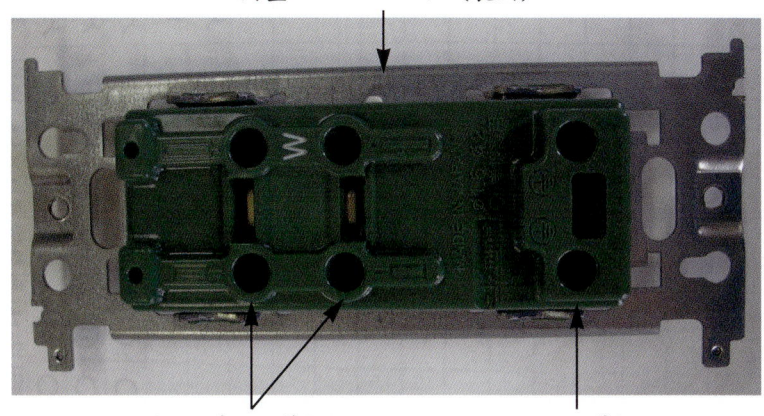

ケーブルの差込口　　アースの差込口

写真4　　焼損コンセント（裏面）

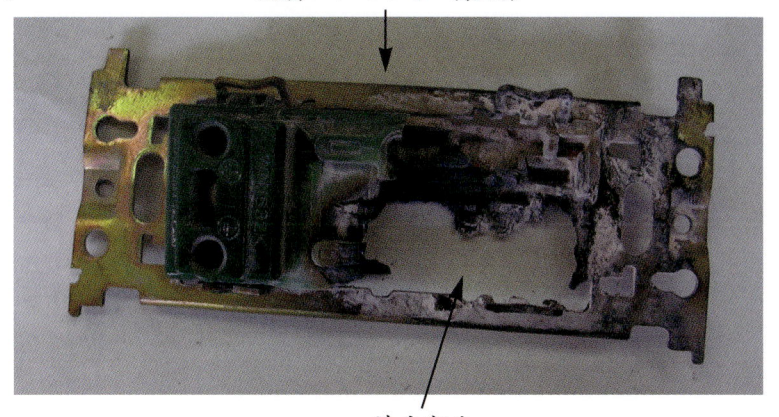

焼失部分

2 コンセント本体の裏面を見分すると、正面から向かって右側の留め金具が変形し、本体の緑色の部分と白色の部分の継ぎ目部分に隙間が空いており、白色部分の一部が破損し欠けている（写真5・6参照）。

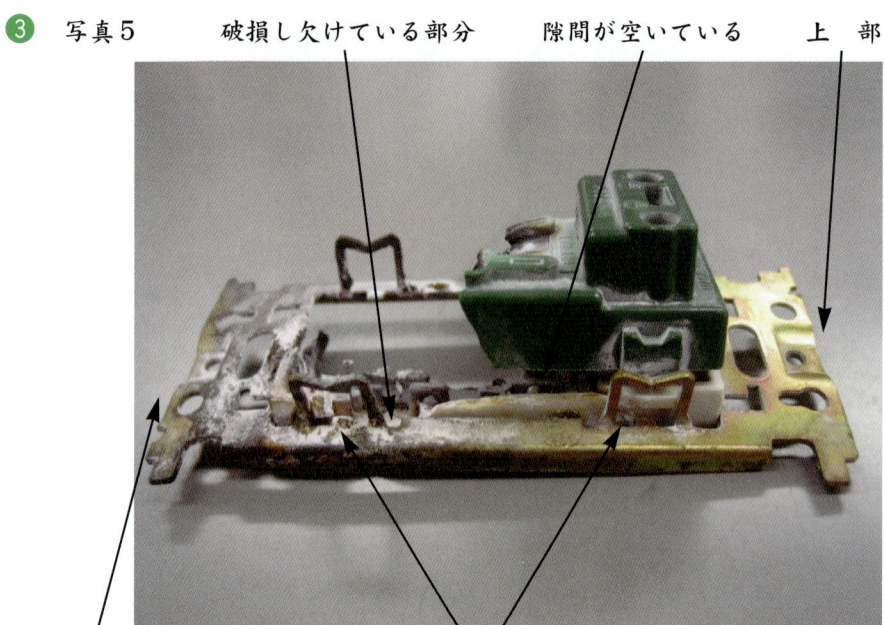

❸ 写真5　　破損し欠けている部分　　隙間が空いている　　上　部

下　部　　　変形している留め金具

写真6

正常な留め金具

事例② 建物火災（電気火災） **97**

3 コンセント本体を見分すると、アース部と差込口の間に亀裂が認められる（写真7参照）。

写真7　　　　　　　　　　　亀　裂　　　　　　　　　　　下　部

上　部　　　　　　　　　　　　　亀　裂

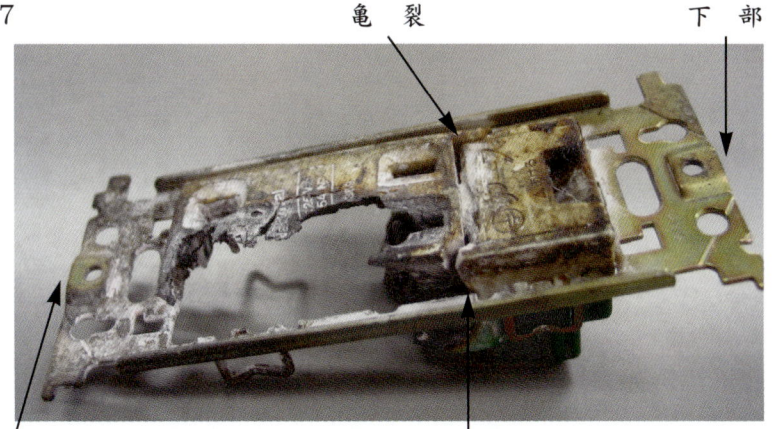

4 次に、<mark>正面から向かって左側の配線、受刃を見分すると、配線の焼きは差込口付近に認められ、受刃は表面に消火薬剤が付着し、凹凸が認められる。</mark>

一方右側は、配線、受刃とも変色しているが、表面に凹凸は認められない。

写真8　　　差込口付近に焼きが認められる　　　薬剤が付着し、表面に凹凸がある

黒色に変色しているが、表面に凹凸はない

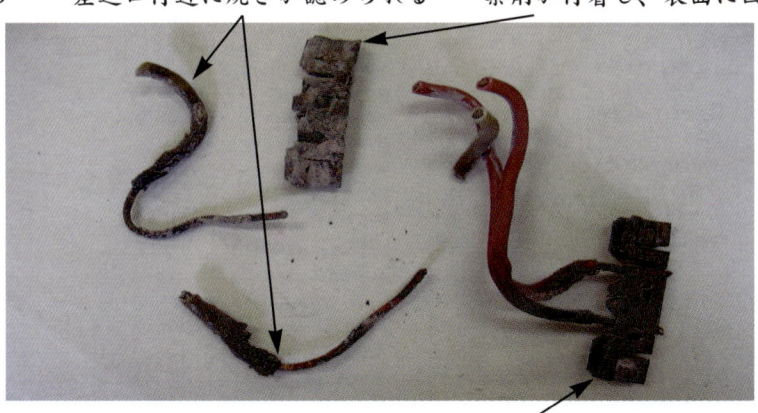

5 次に、向かって左側の受刃のなかで、電線を受けているスプリング部分に溶融痕及び欠損が認められるが、同部分及び周辺の金属は黒色を示している。

本説明のため、K市消防局予防部予防課調査係が撮影した、顕微鏡写真を添付する（写真9〜12）。

❻ 写真9　向かって左側の受刃　　　　　　　溶融痕、欠損

溶融痕

写真10　向かって右側の受刃

配　線

事例② 建物火災（電気火災） 99

写真11 左側の受刃の右側拡大

写真12 左側の受刃の左側拡大

項目解説

❶ 網掛け部分「焼損コンセントと同型のコンセント」について

第1回の実況見分において、コンセントの製造型式等は焼損により確認できなかったので、そのことをコンセント本体の見分の箇所で記載しておく必要がありました（仮に、製造型式等が確認できていれば、そのことを記載します）。

製造型式等がなぜ判明したかは、実況見分調書若しくは質問調書で明らかにしておく必要があります。

〈例〉
第1回の実況見分調書のなかで、「立会人のCへコンセントの製造型式について確認すると、『建物内の埋込み式コンセントはすべて同じですので、焼損していないコンセントから確認できます』との説明を受け、2階事務室にある焼損していないコンセントの本体を取り外し確認すると、○○社製の製造型式△△△であることが確認できる」等の説明をしておきます。

❷ 写真1～4について

現場で焼損していたコンセントと同型のコンセントを入手して、表と裏を見分して写真撮影していますが、見分するときも写真撮影も、現場で取り付けられた向き（位置）で実施すべきです。

本事例では、アースの接続部分が下になるように見分して撮影します。

また、裏面の写真には、取り付けられた状態で右・左を矢印で示せば、より理解しやすくなります。

❸ 写真5・6について

写真撮影の際、❷の項目解説のなかで、「見分対象の器具等は火災現場で取り付けられていた向きで行う」と説明していますが、これは、焼けの方向性を分かりやすくするためです。

写真5・6のように、ある一面を詳細に見分する場合は、その面を写真撮影して、本事例のように上下の関係を示しておくと、分かりやすくなります。

❹ 網掛け部分「正面から向かって左側の配線」の『向かって左側』について

火災現場で実施した実況見分第1回で定義したことを受けていますが、本実況見分は2回目であり、1回目とは別に独立した文書であることから、見分に必要な定義は改めて定める必要があります。

「配線」については、第1回の実況見分で、「ケーブル」「電線」といろいろありまし

が、第1回で使用した文言で統一します。

❺ 網掛け部分「受刃を見分すると、配線の焼きは…、受刃は表面に…」について

　受刃を見分しているのに、配線の焼きの見分結果について記載され、さらに受刃の見分結果が記載されていますが、これは、実況見分作成者が受刃と受刃に接続されている配線の一部を含めて『受刃』としていることから起こる間違いです。

　実況見分調書を作成する際には、見分の対象物品、部品等の名称について、メモや一覧表を事前に作成すると、本事例のような勘違いをなくし、文言も統一できます。そして、この一覧表等を図面作成者に説明し、写しを配布しておくことも必要です。

❻ 写真9〜12について

　実況見分第2回で見分しましたが、拡大した写真で説明する必要があると判断して、顕微鏡写真で撮影したものを添付し、そのことを本文中に記載しています。

　拡大写真（顕微鏡写真）が必要な場合は、顕微鏡写真を有する担当課に当該品を鑑識依頼する方法もありますが、本事例では、詳細な鑑識は所轄の実況見分で実施でき、拡大写真のみが必要でしたので、この方法をとりました。

● 本火災の原因について

　本火災は、何らかの原因により破損していた埋込みコンセントの隙間等から湿気が進入して錆が発生し、ケーブルと差込口のスプリング部分で錆により接触不良が生じ、同部分で微小の電気火花の発生が繰り返されたことと、湿気によりコンセント内の接地側と非接地側のケーブル間で導電路が形成され、電流が流れるトラッキング現象により出火したものです。

事例3 建物火災（ガス燃焼器具）

1　出火時刻と出火場所

11月の休日の午前11時ごろ、K市内の耐火構造共同住宅のベランダより発生

2　り災程度

耐火構造6階建共同住宅のうち、3階○○○号室のベランダ内約○㎡焼損

3　関係者の供述の概要

(1)　火元者（発見者、初期消火者）

　火元者Aは母親Bと出火室に居住している。

　Aは休日の午前中にシャワーを浴びるため浴室に入ったBから、「お湯が出ないから」と言われ、台所の給湯スイッチを見ると、お湯を使うと赤く点灯するランプが点滅していたので、スイッチを切ったり入れたりの操作を2回行い、そのことをBに告げました。

　その後、Bがシャワーを出す準備をしていると、台所の換気扇フードから焦げくさい臭いと白っぽい煙が入ってきたので、煙と臭いを出すために換気扇を回すと、逆に黒い煙が入ってきたことから、換気扇を止めてベランダのサッシ戸を開けました。

　サッシ戸を開けると、黒い煙がベランダに流れていたことから、煙の出ているほうを見ると、洗濯機の付近で炎が30cm上がっていたので、風呂場の洗面器に水を汲み、燃えている所に掛けました。

　その後、Bが玄関のドアを開けると、煙に気が付いた隣人が消火器を持ってきて初期消火活動をしたので、Aはベランダの洗濯物に燃え移ってはいけないと思い、洗濯物を取り込みました。

(2)　通報者

　Cは当該共同住宅の出火室の上階に居住しており、出火当時、父親Dとテレビを観ているとき、プラスチックが焼ける臭いがしたので、何かと思っていました。Dがベランダに出て下の階から煙が出ているのを見ると同時に、通行人の女性が「火事だ」と叫んでいるのを聞いて、Cへ119番通報を指示し、指示されたCが自宅の加入電話で通報しました。

4　出火原因

　出火原因は、火災原因判定書に記載してありますので、先に示す実況見分調書を読んで

検討してみてください。

5　火災調査書類

　本事例では、実況見分調書（文書中に写真が表示されています）と火災原因判定書（2・3号処理）を引用して説明します。

(1) 実況見分調書（第1回）

	火災番号　No.○○○

実況見分調書（第1回）
出火日時　平成○○年○月○日（○）○○時○○分ころ 出火場所　K市○○区○○○丁目○番○号 上記の火災について、関係者の承諾を得て、次のとおり現場を見分した。 　　　　　　　　　　　　　　　平成○○年○○月○○日 　　　　　　　　　　　　　　　所　　属　○○消防署 　　　　　　　　　　　　　　　階級・氏名　消防△　○○　○○　印

日　　　時	平成　○○年　○月　○日　○○時　○○分　開始 平成　○○年　○月　○日　○○時　○○分　終了
場所及び物件	K市○○区○○○丁目○○番○○号△△ハイムK及びその付近一帯
立　会　人	B　（○○歳）

1　現場の位置及び付近の状況
（1）現場は、所轄○○消防署△△出張所から北西へ直線距離約○○○メートル、K電鉄株式会社○○線△△駅から北東へ直線距離約○○○メートルに位置している共同住宅である。
　　付近一帯は、防火構造や耐火構造の住宅が建ち並んでいる地域で、都市計画法による用途地域は第2種中高層住居専用地域で準防火地域に指定されている（添付図1参照）。
（2）現場付近の状況は、敷地内駐車場を介して17.5メートル離れて防火構造2階建の教会「K○○教会」、東側は3.5メートル離れて耐火構造6階建の共同住宅「○○ピアK」、南側は幅員5.5メートルの公道を介して共同住宅K第2○○ハイツの屋外駐車場、西側は1.5メートル離れて耐火構造4階建の共同住宅「○○K」となっている（添付図2参照）。

2　現場の模様
（1）建物外周部の状況
　　焼損建物の❶外周部を見分すると、耐火構造6階建の建物で、北、東、西側の各面に焼きや破損箇所は認められない。南側は1階東寄りに建物出入口があるほか、❷各室のベランダがあり、3階中央の一室のベランダ外壁が黒色に変色しているのが認められる（写真1参照）。

写真1　△△ハイムK

○○○号室　　　　建物出入口

(2) 建物3階の状況

　　3階の一室のベランダが黒色に変色していることから、南側東寄りの出入口から建物内に入り3階部分を見分すると、建物中央に東西に走る外廊下があり、この南側の東から西に301号室から305号室の部屋番号が付された5室、外廊下の北側に306号室の一室がある。

　　各室は外廊下に面して玄関となっており、各室の玄関、外壁及び外廊下に焼きは認められない。

❸　ア　○○○号室の状況

　　○○○号室へ北側の玄関から入り見分すると、室内は中央廊下を挟んで西側に納戸と便所、東側に浴室と洗面所があり、この南側は台所とリビング・ダイニングとなっている。さらに、この南側には東側から和室6畳間、6畳大の洋室があり、その南側はベランダとなっており、焼きが認められるのはベランダ内だけである。

　イ　ベランダの状況

　　ベランダは間口5.4メートル、奥行1.2メートルの広さで、ベランダ内は一面ピンク色の粉末消火器の消火薬剤が付着している。

　　西側隣室との隔壁際にはエアコンの室外機が置かれているほか、東寄りには外壁に接して屋外給湯器（以下「給湯器」という）が設置されている。東側隣室との隔壁際には、カバーが掛けられている電気洗濯機（以下「洗濯機」という）が置かれ、その上に❹植木が置かれているほか、❺スチール製ラック、雑誌、ポリバ

ケツが置かれている。

このうち焼きが認められるのは外壁に設置されている給湯器及び隣室との隔壁際に置かれた洗濯機とその周囲のみである。

そこで、ベランダ東寄りで焼きが認められるこれらを詳細に見分する（写真2参照）。

写真2　　　　給湯器　　　　　植　木　　　　洗濯機

スチール製ラック　　　　雑　誌

(ア) スチール製ラック及び周囲の状況

　スチール製ラックは二段式で、上段にある雑誌や新聞紙は表面が焼きしており、裏面や二段目に置かれている新聞紙に焼きが認められない。

　洗濯機の脇に置かれている ❻ 雑誌は表面が若干焼きしているのみであり、洗濯機の上に置かれている植木は表面が若干焼きしているのみである。

　また、東側隣室との隔壁に焼きは認められない（写真2参照）。

(イ) 洗濯機について

　洗濯機の上に置かれた植木を移動し洗濯機を見分すると、洗濯機は幅80センチメートル、奥行50センチメートル、高さ77センチメートルの大きさの2層式で正面を南側に向けて置かれている。洗濯機の蓋が見当たらないことから、立会人のBに確認すると「この洗濯機は以前使っていたものですが、蓋はなく、故障したので、ビニールのカバーを被せて、ここに置いておきま

した」と説明する。

❼ 洗濯機をベランダ中央付近に移動させ詳細に見分する。ビニールのカバーは給湯器寄りの西側及び北側が焼失し、この部分は洗濯機の鉄板部分が露出し黒褐色に変色しているが背面の電源コードに焼きは認められず、プラグはコンセントに差し込まれていない（写真2・3参照）。

写真3　　　　　　　　　ビニールのカバー

電源コード　　　　　　洗濯機の背面

（ウ）給湯器について

給湯器は、❽ 鉄製の本体カバーの全体に焼き変色が認められ、下方に貼られたステッカーを読み取ることができない。給湯器上方の排気口は、焼きにより黒色に変色している。

また、排気口からその上部にかけて、布の炭化物が認められることから、立会人に炭化物について尋ねると、❾「これは私が今朝、洗濯をして、ここに掛けていたタオルです」と説明する。

東寄りにある給気口は黒色に変色しているのが認められ、電源コードは❿給❶湯器裏側の外壁に設置されているコンセントに接続されており、コンセント、プラグ及びコードに焼きは認められない。

さらに、給湯器が設置されている外壁は、給湯器の上方が約2平方メー⓬トルにわたり黒く焼け焦げ及び煤けているのが認められる。

事例③　建物火災（ガス燃焼器具）　107

写真4　　外　壁　　　排気口　　炭化物

コンセント　　名　盤　　給気口

❶❸　　続いて、給湯器の電源スイッチを見分するため台所に移動し、電源スイッチを見分すると、コントロールパネルの電源スイッチは「入」の位置で、運転ランプは緑色に点灯しているが、赤色の燃焼ランプは点灯していない。立会人にスイッチについて尋ねると「私がシャワーを浴びようとしたときに、電源スイッチを入れました。燃焼ランプは、お湯が出ていないときは、点灯していません」と説明する。

写真5

燃焼ランプ　運転ランプ

コントロールパネル　電源スイッチ

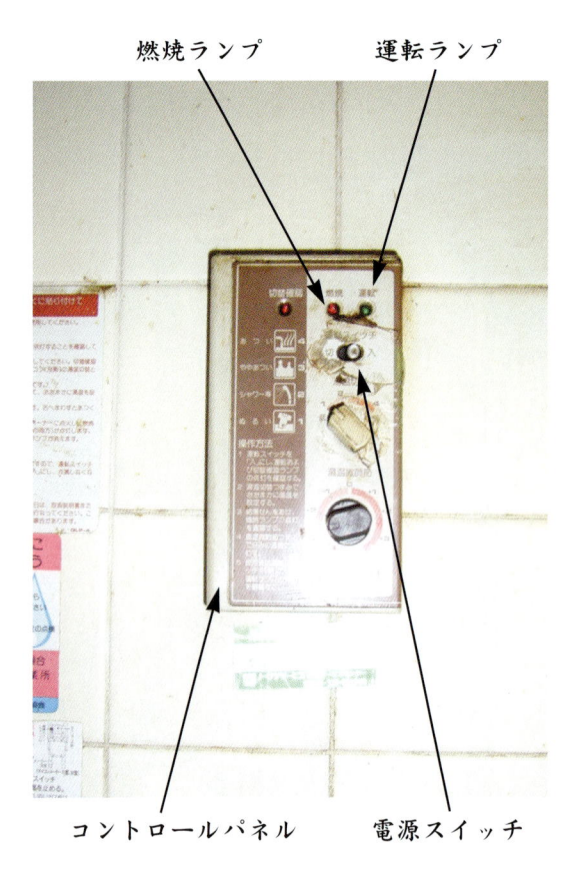

（3）焼き状況

　　給湯器の焼きが強いことから、給湯器の焼き状況を詳細に見分する。

　　給湯器は縦58センチメートル、横45センチメートル、奥行き18センチメートルの大きさである。

　　給湯器上部の炭化物を取り除き、⑭<mark>立会人の承諾を得て外側カバーを開放し</mark>、給湯器の内部を見分する。

　　カバー裏面は、給気口のカバー上方が茶褐色に変色しているほか、排気口の下方に取り付けられている断熱材の上部に若干の焼け焦げが認められる（写真6参照）。

❶❺ 写真6　　排気口　　給気口カバー

断熱材

　続いて断熱材を取り除き、内部を見分すると、❶❻排気口の縦格子は、東寄りの1本を除き、他の9本は焼失しているのが認められる。

　残存している格子は茶褐色に変色し、その周囲は黒い色に変色しているのが認められる。

　排気口の下方にある過熱防止温度センサーに焼き及び断線は認められず、この下方にある電気コードにも焼きは認められない。

　本体下部に貼付されている赤い色のラベルには、13Aと記されている（写真7参照）。

写真7　過熱防止温度センサー　排気口の縦格子

ラベルに13Aと記されている。　電気コード

　次に、給湯器の外側のカバーを閉じ、立会人に、タオルを掛けていた状況について説明を求め、説明に基づき復元すると、排気口をすべて被い給湯器下部まで垂れ下がる状態になるのが認められる（写真8参照）。

⑰　写真8　バスタオル　給湯器　隣室との境の隔壁

火災発生前の状況を復元したもの

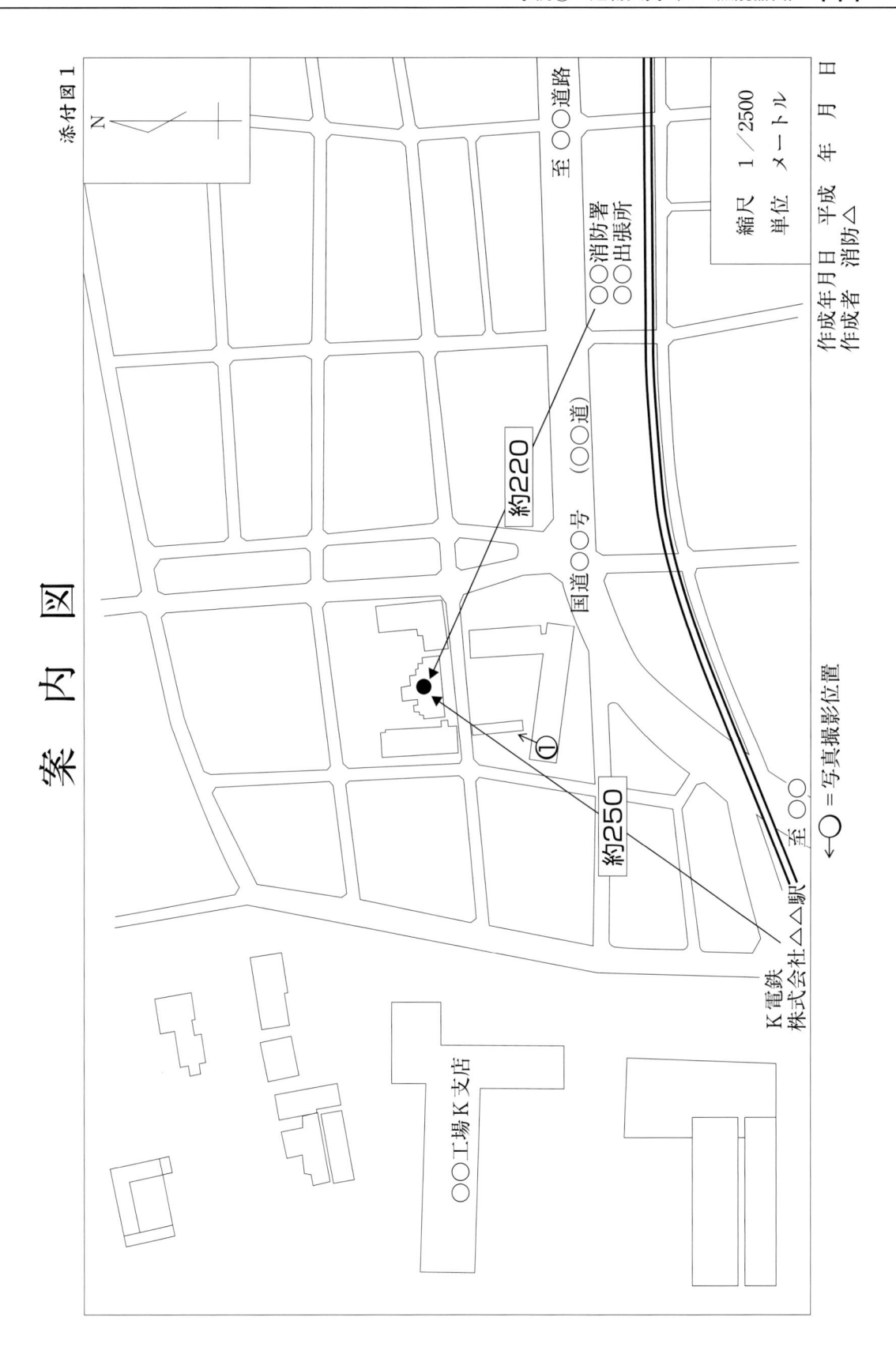

事例③ 建物火災（ガス燃焼器具） 111

添付図1

案 内 図

縮尺 1/2500
単位 メートル
作成年月日 平成 年 月 日
作成者 消防△

至 ○○道路

消防署
○○出張所

約220

国道○○号（○○道）

約250

K電鉄株式会社△△駅
至 ○○

○○工場K支店

←○＝写真撮影位置

火災現場配置図

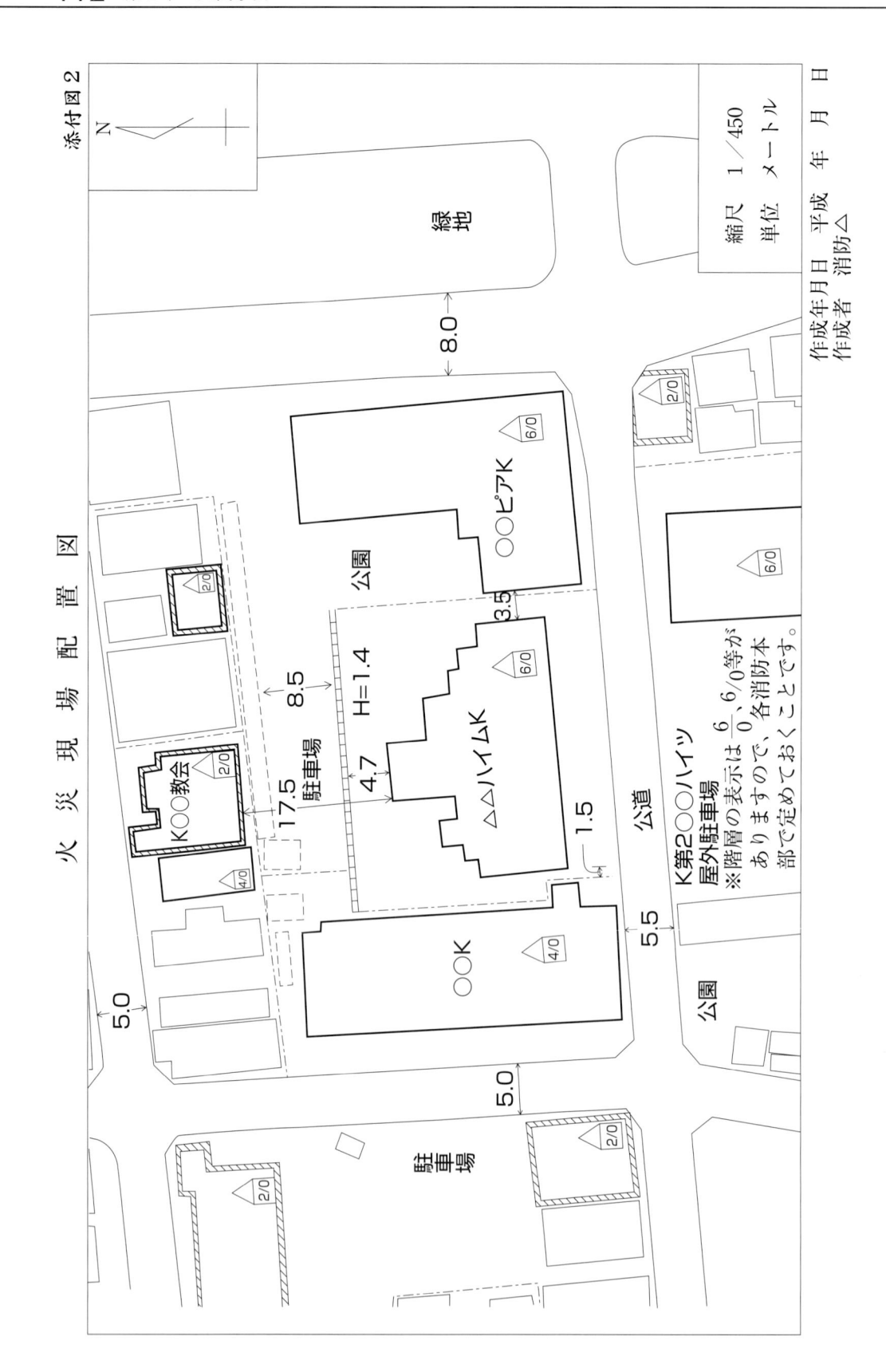

添付図2

縮尺 1/450
単位 メートル
作成年月日 平成　年　月　日
作成者 消防△△

※階層の表示は 6/0、6/0等が
ありますので、各消防本
部で定めておくことです。

- 緑地
- 公園
- 公道
- 駐車場
- K○○教会 2/0
- △△ハイム K
- ○○ピア K 6/0
- ○○K 4/0
- K第2○○ハイツ 屋外駐車場

8.0
3.5
8.5　H=1.4
4.7
17.5
1.5
5.5
5.0
5.0

項目解説

❶ 網掛け部分「外周部を見分すると」について

見分位置を明確にします。
　〈例〉
　　「焼損建物の外周部を南側公道上及び敷地内通路から見分すると」

❷ 網掛け部分「各室のベランダがあり、3階中央の一室のベランダ…」について

「1階のベランダは隔壁により○か所に分かれており、2階から上階は各々○か所に分かれ、3階の東側（西側）から○番目のベランダが…」と具体的に記載することが必要です。建物内の見分をして廊下側の焼損が認められない状況では、「いきなり○○○号室の玄関ドアを開ける」という先入観をもった実況見分をすることは避けます。「ベランダが黒色に変色していた東側から何番目は、○○○号室であることから、玄関のドアを開け内部に入る」等とすると、先入観をなくすことができます。

❸ ○○○号室の状況について

本書の火災事例①でも説明しましたが、建物火災においては、ガスのコック（耐火構造の共同住宅では、廊下の玄関付近に位置しているパイプスペース等の中にある）を室内に入る前に見分することと、室内に入ってからは電気の分電盤を見分して、その結果を記載することが必要です。

どうしても、実況見分実施時に、火災防ぎょ中に見分した事実、占有者、発見者等の供述から、発火源、経過等について先入観をもち、気持ちがそちらに向いて焼損箇所へ目が行ってしまいますが、打消しのために見分することもあるということを忘れないでください。

なお、本火災事例は、実況見分に際して、ガス燃焼器具に起因した可能性が高く、このガス燃焼器具に電気のスイッチがあることは頭に入っていたので、ガスコックと電気の分電盤の見分は必須項目となります。

❹ 網掛け部分「植木が置かれている」について

具体的に何の鉢植えなのか、何鉢あるのか、高さは何センチメートルか等を記載すると、現場の状況を理解しやすくなります。
　〈例〉
　　「○○の鉢植えが1鉢、高さは○○センチメートル、枝の大きさは一番広いところで○○センチメートルあり、西側に面している葉の表面が…」

❺ 網掛け部分「スチール製ラック、雑誌、ポリバケツ」について

　スチール製ラックの大きさ、雑誌は何冊なのか、高さは何センチメートルに積まれているのか、ポリバケツは何個（大きさを含む）かを具体的に記載したほうが、より現場の状況を理解しやすくなります。

❻ 網掛け部分「雑誌は表面が…植木は表面が若干焼きしている…」について

　雑誌と植木について、方位的にどちら側の表面が焼きしているのか、比較する焼けの状況を方位的に見分しなければ、焼けの方向性が説明できません。本火災事例のように焼損物件が少ないときこそ、焼損物件ごとの焼けの比較が大切となります。

❼ 網掛け部分「洗濯機を…西側及び北側が焼失し、…背面の電源コードに焼き…」について

　洗濯機を移動した後に方位を説明していますが、「洗濯機が置かれていた位置で」等と前置きをしないと理解しにくい文章となります。
　また、洗濯機の同じ箇所を「北側」「背面」と違う表現をしていますが、これも文章が分かりにくくなりますので注意が必要です。前段で「洗濯機は正面を南側に向け」とありますが、洗濯機を移動した後に見分していますので「背面」という表現が必要な場合は「洗濯機が置かれていたとき北側に位置していた背面は」等と説明することにより、分かりやすくなります。

❽ 網掛け部分「鉄製の本体カバーの全体に焼き変色」について

　鉄製のカバーは焼きしているわけではないので、この場合、カバーの塗装が焼きしていれば、「鉄製の本体カバーの塗装が焼きし黒色に変色」となり、煤が付着しているだけであれば、「鉄製のカバーは全体に煤が付着して」等の表現となります。

❾ 網掛け部分の立会人の説明「これは私が今朝、…タオルです」について

　まず、タオルの大きさについての説明を求めていません。立会人も実況見分実施者も、「この場所には小さなハンドタオルやフェイスタオルを干さないのでは」との先入観をもち、「バスタオル」であると思っているためではないでしょうか。
　また、立会人が「タオル」と言っても、「タオルの一部ですね」と聞き返し、実況見分調書の記載も「タオルの一部」とするべきです。

❿ 網掛け部分「給湯器裏側の外壁に設置されているコンセント」について

　コンセントの場所は、給湯器に接続されている水道の配管の裏であり、給湯器の裏側という表現は適切ではありません。

⑪ 見分結果について

　電源コードのコンセントへの接続については見分していますが、水道の配管、ガスの配管の見分結果が記載されていません。特に、水道もガスも閉止バルブやコックの開閉状況の見分結果が重要となります。

　「実況見分の際、先入観はいけない」と何度も説明していますが、本火災事例では防ぎょ中の見分や占有者の説明から、実況見分実施前に、ガス燃焼器具（給湯器）と、そこに掛けて干されていたバスタオルから出火した可能性が大きいことは承知しているはずですから、特に、給湯器へのガスの供給についての確認は絶対条件となります。

　先入観をもって実況見分することと、あることに重点を置いて見分することは違います。

　本書では、電気、ガスについては建物へ供給されている箇所から器具のスイッチまで、すべて確認するように説明していますが、本事例のように抜けてしまうことがありますので、十分に注意してください。

⑫ 網掛け部分「約2平方メートルにわたり」について

　焼損程度を表現する場合は、「2平方メートル（約を入れるか入れないかは別問題として）」となりますが、実況見分では、「東西に〇〇センチメートル、上下（南北）に〇〇センチメートルの範囲で、ほぼ長方形に」等のように具体的な見分結果を記載しないと、理解しにくい実況見分調書となってしまいます。

⑬ 給湯器の電源スイッチの見分について

　実況見分時の現場の状況を確認し、その後で立会人に説明を求めていて、良いと思います。

　このような状況においてよく間違えるのは、コントロールパネルの説明を実況見分実施者が判断するほか、「出火当時はこうなっていた」などと、タイムマシーンで遡って確認してきたような文書を書いてしまうことです。

⑭ 網掛け部分「立会人の承諾を得て外側カバーを開放し」について

　設備、機械、器具等を分解するときは、占有者、所有者、管理者等の承諾を受けることは大切であり、そのことを実況見分のなかで文書にするかしないかは、実況見分調書作成者の考えでいいと思います。

　また、実況見分中の保管や分解は占有者等の承諾のほか、捜査機関とも連携をして了承を得ることが大切で、消防機関独自の判断で実施することがあってはならないことです。

⑮ 実況見分調書に添付する写真について

　人物を入れないのが原則ですが、写真6のように人の手を介さなければ撮影できない場

合もありますので、その場合は必要最小限とすることです。

⑯ 網掛け部分「排気口の縦格子は、東寄りの1本を除き、他の9本は焼失…」について

　火災の前に縦格子が10本あることを確認していないので、「焼失」という表現は適切ではありません。
　したがって、「排気口の縦格子は、東端の1本だけ認められる」等と客観的事実の記載となります。
　例えば、同じ形の椅子が3脚あり、2脚は脚が4本あり、1脚だけ2本で、周囲が焼きしていれば、「1脚の椅子の脚は、2本焼失している」と表現できますが、今回の事例の給湯器の排気口の格子がどうなっていたかは分かりません。
　本火災事例では、共同住宅内で発生したことから、同型の給湯器が隣室等にあると思われますので、隣室等の占有者の許可を得て事前に確認し、写真撮影するなどして比較しながら見分できたはずです（デジタルカメラならば、映像と比較しながら実況見分が行えます）。
　車両火災の機関室等は、車種や年式が違うと部品の位置が違いますので、同型車と比較しながら見分を進めますが、車両火災だけでなく、日常見慣れない機械器具も同型製品と比較しながら実況見分を実施すると、理解しやすくなります。
　ここで大切なことは、火災調査の上席職員は、実況見分調書の作成が完了した時点で、作成者に同型製品と比較しなかったことについて注意するのではなく、過去の経験等を活かし、実況見分実施前に実況見分を担当する後輩（部下）職員に対して、同型製品との比較についてアドバイスすることです。

⑰ 復元に際して

　「立会人が出火前に給湯器に掛けていたものと同じ大きさのタオルを提出したので、大きさを計測すると、長辺〇〇センチメートル、短辺〇〇センチメートルの、通称バスタオルと呼ばれているタオルであり」等の説明が必要で、ここで初めて、タオルと給湯器の大きさが比較できる材料が揃うということになるはずです。

事例③ 建物火災（ガス燃焼器具） 117

(2) 火災原因判定書

第14号様式の2（第57条関係）

処理区分	火災番号
2号処理	№ 119

火災原因判定書（2・3号処理）

出火日時　平成○○年○月○日（○）　○○時○○分ころ
出火場所　K市○○区○○○丁目○番○号
（名　称）　△△ハイムK
火元者　職業・氏名　△△　　E
上記の火災について、次のとおり判定します。

平成○○年○月○日
　　　　　　　　　　　　所　　属　○○消防署
　　　　　　　　　　　　階級・氏名　消防△　○○　○○　　印

発見状況

発見者　■占有者　□管理者　□所有者　□その他（　　　　　　　　）
住　所　K市○○区○○○丁目○番○号—○○○　△△ハイムK
職　業　○○　　氏　名　A　　△△歳

　Aは、シャワーを浴びるため給湯器を使用していた母親のB（△△歳）から給湯器の不具合を知らされ、台所に設置されている給湯器のスイッチを確認し、スイッチの操作を2回行った後、台所の換気フードから焦げ臭い臭気と白煙、さらに、黒煙を確認し、ベランダのサッシ戸を開け、ベランダに置かれた洗濯機付近から約30センチメートルの炎が立ち上がっている本火災を発見した。

通報状況

通報者　□占有者　□管理者　□所有者　■その他（　出火室上階居住者　）
住　所　K市○○区○○○丁目○番○号—○○○　△△ハイムK
職　業　○○　　氏　名　C　　△△歳

　D（△△歳）は、在宅中、プラスチックが焼ける臭気を感じたため、ベランダに出た際、下階のベランダから出ている白煙を視認するとともに、通行人の「火事だ」という声を聞き、同居する息子のCへ119番通報を指示し、Cが自宅の加入電話（○○○-○○○○）で119番通報した。

出火前の状況

火元　■建物　□車両（　　　　　　　）　□その他（　　　　　　　　）
構造　□木造　□防火　□準耐(木)　□準耐(非木)　■耐火　□その他
用途　共同住宅　階数6階建　建築面積○○○㎡　延面積○○○㎡
関係者の行動等

1　出火建物は、昭和○○年に建築された分譲の共同住宅で、出火室である○○○号室には建築当時からEの一家3人が居住している。
2　出火当日、Eは外出し、妻のBと長女のAが在宅しており、Bは朝から洗濯を行い、洗濯物をベランダの竿に干した際、バスタオル1枚をベランダの給湯器に掛けて干した。
3　出火当時、Bは、シャワーを浴びるため、台所に設置された給湯器のメインスイッチを入れて、浴室でシャワーから湯を出そうとしたところ、給湯器の異常に気付いたものである。

出火日時　平成○○年○月○日○○時○○分ころ
推定理由

出火日時	1　通報状況の欄に記載のとおり、出火室の上階に居住するDの行動と指示により、Cが119番通報したものであり、この通報を消防局指令センターは〇〇時〇〇分に受信している。 2　添付実況見分調書に記載のとおり、ベランダ内では給湯器及びこの周辺に置かれた洗濯機等を焼損していること。 　　これら通報までのDとCの行動及び現場の焼損状況から考察して、本火災の出火時刻を覚知の〇分前の〇〇時〇〇分ころと推定する。
❸出火箇所	出火建物　△△ハイムK 出火階　　3階　　出火室　〇〇〇号室　　　出火箇所　ベランダ 判定理由 ❶添付実況見分調書（第1回）で記載のとおり、本火災で焼きが認められるのは、3階〇〇〇号室南側ベランダ内の東寄り外壁に設置された屋外給湯器、ベランダ内に置かれたコンセントに接続されていない2層式電気洗濯機、スチール製ラック等及びこの周囲の外壁であり、このうち、❷屋外給湯器は排気口の縦格子が焼失するなど他に比較して焼きが強いこと、さらに、屋外給湯器の排気口には布の炭化物が認められ、Bはタオルを屋外給湯器に掛けていたと供述しており、着火したタオルが一部落下して屋外給湯器下方の洗濯機及びその周囲が焼損したことは十分考えられることから、本火災の出火箇所はベランダ内東寄り外壁に設置された屋外給湯器と判定する（添付図参照）。❹
❽出火原因判定の理由	❺添付Fの質問調書に記載のとおり、本火災で焼きしている屋外給湯器（〇〇社製△△－1300WA、19〇〇年製造）は、ガスが流れたときに十分な空気がないと不完全燃焼となり、ガスの供給をストップさせ、残ガスが完全に排出されないと次のガスは流れない構造になっており、この場合は、再点火できず、点火操作を行うコントロールパネルの燃焼ランプが点滅すること。さらに、給気口や排気口が塞がれていると、空気が十分に供給されないため、不完全燃焼を起こすと説明していること。 　添付Aの質問調書に記載のとおり、Aは「風呂場でシャワーを浴びようとしたBから給湯器の不具合を指摘され、コントロールパネルを見ると赤いランプが点滅していたが、点火操作を2回行った」と供述していること。 ❻添付実況見分調書（第1回）に記載のとおり、コントロールパネルに表示される赤いランプとしては、切替確認ランプと燃焼ランプの二つがあり、Aの供述による点滅していた赤いランプとは、燃焼ランプの可能性が高いこと。 　以上のことから、屋外給湯器の排気口に❼タオルを掛けたまま、シャワーを浴びようと給湯器を使用したため、給湯器が不完全燃焼を起こし火は消えたが、排気口をタオルで塞いでいたことから給湯器内の残ガスが排出されず、コントロールパネルのランプも点滅していたが、Bに給湯器の不具合を指摘されたAがコントロールパネルで給湯器の点火操作を繰り返したことから、給湯器内に残存していた都市ガスに点火火花が引火して、排気口に掛けられたタオルに着火した可能性が高い。
❾結論	本火災は、B（△△歳）が洗濯をしたバスタオルをベランダ内東寄り外壁に設置された屋外給湯器に、その排気口を塞ぐように掛けた後、風呂場でシャワーを浴びようと給湯器を使用したため、給湯器が不完全燃焼を起こし、火は消えたが、排気口をタオルで塞いでいたことから給湯器内の残ガスが排出されなかったところへ、Bに給湯器の不具合を指摘されたAが台所に設置されている給湯器のコントロール

事例③　建物火災（ガス燃焼器具）　119

> パネルの燃焼ランプが点滅していたにもかかわらず、コントロールパネルで給湯器の点火操作を繰り返したことから、給湯器内に残存していた都市ガスに点火火花が引火して、排気口に掛けられたタオルに着火し出火したものと判定する。

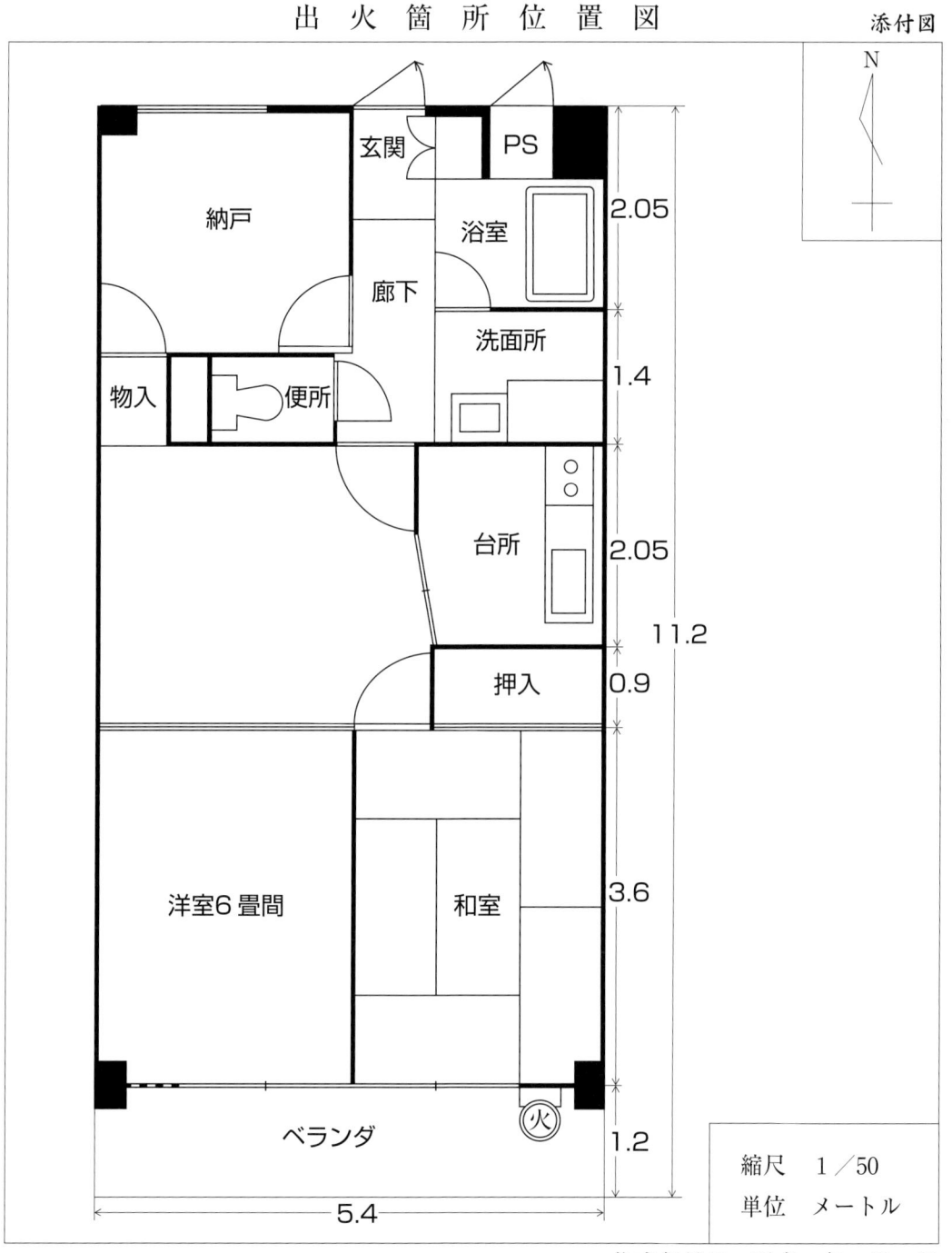

出　火　箇　所　位　置　図　　　　　　　　添付図

N

玄関　PS

納戸　　浴室　　2.05

廊下

洗面所　1.4

物入　便所

　　　　台所　　2.05

　　　　　　　　　　11.2

押入　0.9

洋室6畳間　　和室　　3.6

ベランダ　　火　1.2

5.4

縮尺　1／50
単位　メートル

作成年月日　平成　年　月　日
作成者　消防△

項目解説

❶ 網掛け部分「添付実況見分…」について

火災の概要について原因を含めてまとめた「火災調査書」と「火災原因判定書」を除く火災調査に関する各書類は、火災原因判定書の各項目について、その項目を判定するために必要な書類であり、火災原因判定書に添付しているという考えに基づいているため、添付という表現を使用しています。

❷ 網掛け部分「屋外給湯器は排気口の縦格子が焼失するなど他に比較して」について

出火箇所の判定には、このように具体的な焼損状況を示して比較します。

ただし、「縦格子の焼失」については、(1)実況見分調書（第1回）の解説⓰ (p.116)で説明したとおり、縦格子が火災前に10本あったというのは推測にすぎないので、この部分の表現は実況見分の内容を変えた場合、その表現に合わせることとなります。

❸ 「出火箇所」について

火災により、室内のある箇所（ある範囲に発火源となり得る物が複数あり、火災の原因の判定をするまでは、焼けの状況等でポイントを絞れない場合など）の場合や具体的な設備まで示すことができる場合がありますので、火災の状況により判断しなければなりません。

出火箇所をどの部分とするかの判断の一つの方法として、焼けの方向性の中心となる部分に発火源となる可能性のものが複数あり、詳細に考察しなければ発火源、着火物、経過が判定できない場合は、ある程度の範囲を出火箇所とすることです。

❹ 網掛け部分「添付図参照」について

出火箇所は火災原因判定書の出火箇所の判定の項で判定されるので、ここで初めて判定して図面の中に出火箇所を記号で示すこととなります。

何度も説明していますが、実況見分調書、火災状況見分調書等の図面に出火箇所の記号を示すことはできません。

また、焼損建物が複数棟ある火災の出火建物についても火災原因判定書の中で出火建物を判定して、その次に、出火箇所を判定することとなりますので、図面に記入する場合も、この判定の後になります。

❺ 質問調書の録取について

Fは給湯器のメーカーの職員で、本火災事例では実況見分の後、質問調書により、当該給湯器のメカニック、使用方法、排気口を塞いだ場合に起こる可能性のある現象、過去の

事故事例、火災事例、社告の有無などについて録取しました。

メーカーからの情報収集については、実況見分に立ち会わせ、技術的なこと、部品や構造のこと、分解方法などについて説明を求める方法のほか、メーカーに必要な内容を照会して文書で回答してもらう方法もあります。

社会的影響のある火災、社告が必要になる可能性のある欠陥により出火した疑いのある火災、PL法に関係する火災などは、実況見分の立会いはもちろん、図面、部品の交換データ、過去の点検履歴などの資料の提出を求めるほか、再現実験、鑑識の協力（主体は消防機関であることを忘れずに）を求めることとなります。

当該火災は、使用者の使用方法の誤りが、火災防ぎょ中の占有者の供述と現場の焼損状況から判断できたために、メーカーの実況見分の立会い、資料の提供は求めず、火災原因調査に必要な内容を質問調書に録取したものです。

ただし、火災原因判定後は、メーカーに対して、同様の事案が繰り返されないように、使用者への注意の喚起方法等について指導します。

❻ 網掛け部分「添付実況見分調書…赤いランプとしては、切替確認ランプと燃焼ランプの二つがあり、…」について

実況見分調書の中に切替確認ランプの説明とランプの色についての記載がありません。ランプの色は出火当時の状況を表すのに大切なことですので、写真にはランプの色が写っているかもしれませんが、切替確認ランプの説明が必要です。

このように、火災原因判定書で引用することは、必ず実況見分調書に記載されていなければなりません。

❼ 「タオル」の表現について

実況見分調書の解説で説明したとおり、実況見分調書にタオルの種類を記載して、原因判定書では実況見分調書と文言を統一します。

❽ 出火原因判定の理由について

現場の状況（実況見分調書の引用）の記載がありません（前記❻とは逆に、実況見分調書で記載されている内容が原因の判定をするうえで必要であるにもかかわらず、引用されていません）。

本火災事例では、火災原因判定をするうえで次の現場の状況が必要となります。

ア　給湯器の上部に布の炭化物が認められたこと

イ　Bの説明に基づいた再現結果において、出火前に排気口をすべて塞ぐようにタオルが掛けられていたこと（本火災は、Bがタオルを給湯器本体に掛けたことから始まっており、大切な内容です）

ウ　給湯器の点火操作を行うコントロールパネルが台所に設置されていること（給湯器

の点火操作を給湯器本体で行う構造であれば、給湯器にタオルが掛けられていたことに気が付き、本火災は発生しなかったと考えられます。便利になり、離れた場所で点火操作が実施できることが一つの原因となっていますので、重要な項目となります。また、コントロールパネルに給湯器本体の給気口や排気口を塞がない等の注意を書いたシール等を貼ることをメーカーに指導して類似火災の防止につなげることも大切ではないでしょうか。）

　さらに、火災原因判定のために、現場の状況を列記した後に、関係者の供述について列記したほうが理解しやすい文章となります。

❾ 結論について

　火災原因調査はなぜ火災が発生したかということを調査しますが、大切なのは、その調査結果を反映させ、同一の火災を予防することです。

　したがって、消防機関としての広報だけでなく、関係企業などが積極的に火災調査結果を受けて、広報、取扱説明書の注意書きの変更、当該製品の改良などを実施するように導いていくことではないでしょうか。

　そこで、再発防止のために、火災調査関係書類の中に消防機関のほか、関係企業がどのような施策を講じたかについて記載する項目を加え、記録を残すことが必要であると考えています。

事例④ 車両火災

1　出火時刻と出火場所

11月の休日の夕方、K市○○区○○町○○番先、K県道高速○○線東行き○○キロポスト付近で発生

2　り災程度

普通乗用車（外国製）1台及び道路面3㎡焼損

3　関係者の供述の概要

火元者（当該車両運転者）

　Aは休日を利用して友人とドライブをした帰り道、Y市から高速○○線に入り、時速約100kmで走行中、「カラカラバーン」という異音がしたのでバックミラーを見ると、白煙が出てきて焦げくさい臭いもしたので路側帯に停車させたところ、ボンネットから白煙が噴出してきたので、持っていた携帯電話で110番通報した。

4　出火車両

①　排気量：2,400cc
②　出火の2年7か月前に新車で購入
③　自家用として使用
④　過去の故障等
　ア　購入後1年目にパワーステアリングのオイル漏れがあり修理している。
　イ　出火の1月前の台風時にエアクリーナーから水分が入り、エアクリーナーのフィルター及びエンジンオイルを交換している。

5　出火原因

出火原因は、火災原因判定書に記載しますので、先に示す実況見分調書を読んで検討してみてください。

6　火災調査書類

本事例では、実況見分調書（第1〜3回）と火災原因判定書（1号処理）のうち、原因

の判定の項を引用して説明します。
(1) 実況見分調書（第1回）

火災番号　No.○○○

実況見分調書（第1回）

出火日時　平成○○年○月○日（○）○○時○○分ころ
出火場所　K市○○区○○町○○番先K県道高速○○線東行き○○キロポスト付近
上記の火災について、関係者の承諾を得て、次のとおり現場を見分した。

平成○○年○○月○○日
所　　属　○○消防署
階級・氏名　消防△　○○　○○　印

日　　　　時	平成　○○年　○月　○日　○○時　○○分　開始
	平成　○○年　○月　○日　○○時　○○分　終了
場所及び物件	K市○○区○○町○○番先K県道高速○○線東行き○○キロポスト付近周辺
立　会　人	A（○○歳）

1　現場の位置及び付近の状況
（1）現場は、所轄○○消防署△△出張所から東南東へ直線距離約○○○メートル、K県道K料金所から西側へ直線距離約○○○メートルに位置するK県道高速○○線（以下「W線」という）東行き○○キロポストの幅員○○メートルの高速道路上である。

　　付近一帯は、石油コンビナート等災害防止法に基づく特別防災区域で、現場の北西側は石油コンビナート等の事業所となり、他の三方はK港に囲まれている。都市計画法による用途地域は指定のない地域で、防火地域はその他の地域である。

　　消防水利は、W線上であるため、有効な水利はない状況である（添付図参照）。

（2）現場付近の状況

　　焼損車両は、南西方から北東方の空港中央に至るW線東行きの路側帯に停められており、車両の南東側は、8.1メートル隔てて幅員6メートルの中央分離帯となっており、北西側は、幅員2.1メートルの側道を介して、高さ7.2メートルのコンクリート製の隔壁となり、その上方の12メートル先は、○○ジャンクション○ランプの架橋となっている（写真1参照）。

❶ 写真1（実況見分の翌日撮影）

〇ランプの架橋　　火災現場　　東行き

西行き

2　現場の模様

　焼損した車両は、W線東行きの北西寄りにある路側帯に前部を北東方に向けて停車しており、❷車種はV社製70ベースグレート（全長は4.72メートル、全幅は1.815メートル、全高は1.47メートル）の右ハンドル車の前輪駆動車である。

❸続いて、当該車両の周囲を見分すると、❹車両の後方8メートルの位置に黒く煤けたナンバープレートが置かれているので、立会人のAに尋ねると、「燃えた車のナンバープレートで、車の後ろに落ちていたものを私が見つけ、拾ってこの位置に置きました」と説明する。このナンバープレートを確認すると、車両登録番号は〇〇300の〇〇〇〇である（写真2参照）。

写真2

ナンバープレート

　次に、車両の焼損状況を見分する。
　焼損車両の見分は、便宜上、車両進行方向を向いて❺前後左右として見分を進める。
　まず、焼損車両の右側面を見分すると、前輪タイヤはパンクし、アルミホイールが黒く変色して一部に合成樹脂の溶融物が付着しているのが認められる。
フロントドアは❻窓ガラスが破損してサイドミラーが溶融しており、ドアの前方寄りが黒色に変色している。リアドアは窓ガラスが破損しており、上部が黒色に変色しているのが認められる。
　次に後部方向を見分すると、リアフェンダー中央部から天板にかけて灰白色に変色しているのが認められ、後輪タイヤ及びフェンダーは若干の変色が認められるが、ほぼ原形を保っている。
　続いて、リアフェンダー上方に設けられている❼ガソリンの給油口を見分すると、合成樹脂製のキャップに焼きや破損は認められない（写真3参照）。

写真3　　　　　　　　　　　　　　　　前輪がパンクしている

給油口

　次に、左側面を見分すると、リアフェンダーの後部下方から上部にかけて白色に変色しているのが認められる。

　窓ガラスは、各窓とも破損しており、リアドアは黒色に変色して、サイドモールが溶融している。

　フロントドアは前方寄りの大部分が白色に変色し、サイドモールが焼失しているのが認められる。

　後輪はパンクしており、前輪はタイヤが接地面を除き焼失し、カーカスコードが露出しているのが認められる。

　続いてルーフ部を見分すると、ルーフは全体的に焼きし、中央部分は茶褐色に変色しているのが認められる（写真4参照）。

写真4

次に、❽リアハッチ方向から車内を見分すると、後部の荷台には合成樹脂製の内装材の焼き炭化物が堆積し、鉄製の側板は露出し茶褐色に変色している。後部座席は鉄製のアングルが露出して、そのアングルは茶褐色に変色しているのが認められる（写真5参照）。

写真5　　　　　　　　　　　　　　　　　　後部座席

続いて、車内の前方を見分すると、インストルメントパネルやコンソールボックスはすべて焼失し、各種サポート金具が茶褐色に変色しているのが認められる（写真6参照）。

❾　写真6

　次に、❿アルミ製ボンネットを見分すると、右側は残存し灰白色に変色して一部捲れ上がっているのが認められる。

　左側はアルミが溶融して路上に固着しているのが認められる。

　続いて、車両前部を見分すると、フロントガラスは焼き破損し、ガラス片が車内及びエンジンルーム内に飛散しているのが認められる。

　フロントピラートリム及び天板は地板が露出し、灰白色及び茶褐色に変色している（写真7参照）。

　写真7

⓫　フロント部分を見分すると、バンパー、ナンバープレートは認められず、ヘッドランプ、サイドターンシグナルランプは溶融して黒く変色し、各種支持金具のサポート類のみが残存して、これらの電気配線の芯線の被覆は焼失し芯線が茶褐色に変色しているのが認められる。

　次に、エンジンルームの前寄りを見分すると、合成樹脂製のラジエーターグリルはほとんど溶融し、直下の地表面に溶融した合成樹脂の炭化物が堆積しているのが認められる。

　エンジンルーム内の左側は、ヒューズボックスの外枠が焼失しているのが認められる（写真8参照）。

写真8

⓬　最後に焼きした車両が停車されていた道路面を見分すると、アスファルトの路面上には、車両のエンジンルームの下付近と車両の後部に位置する付近に合成樹脂の溶融物が固着しており、それらを取り除くと、路面が若干凹凸状態になっているのが認められる。
⓭

事例④ 車両火災 131

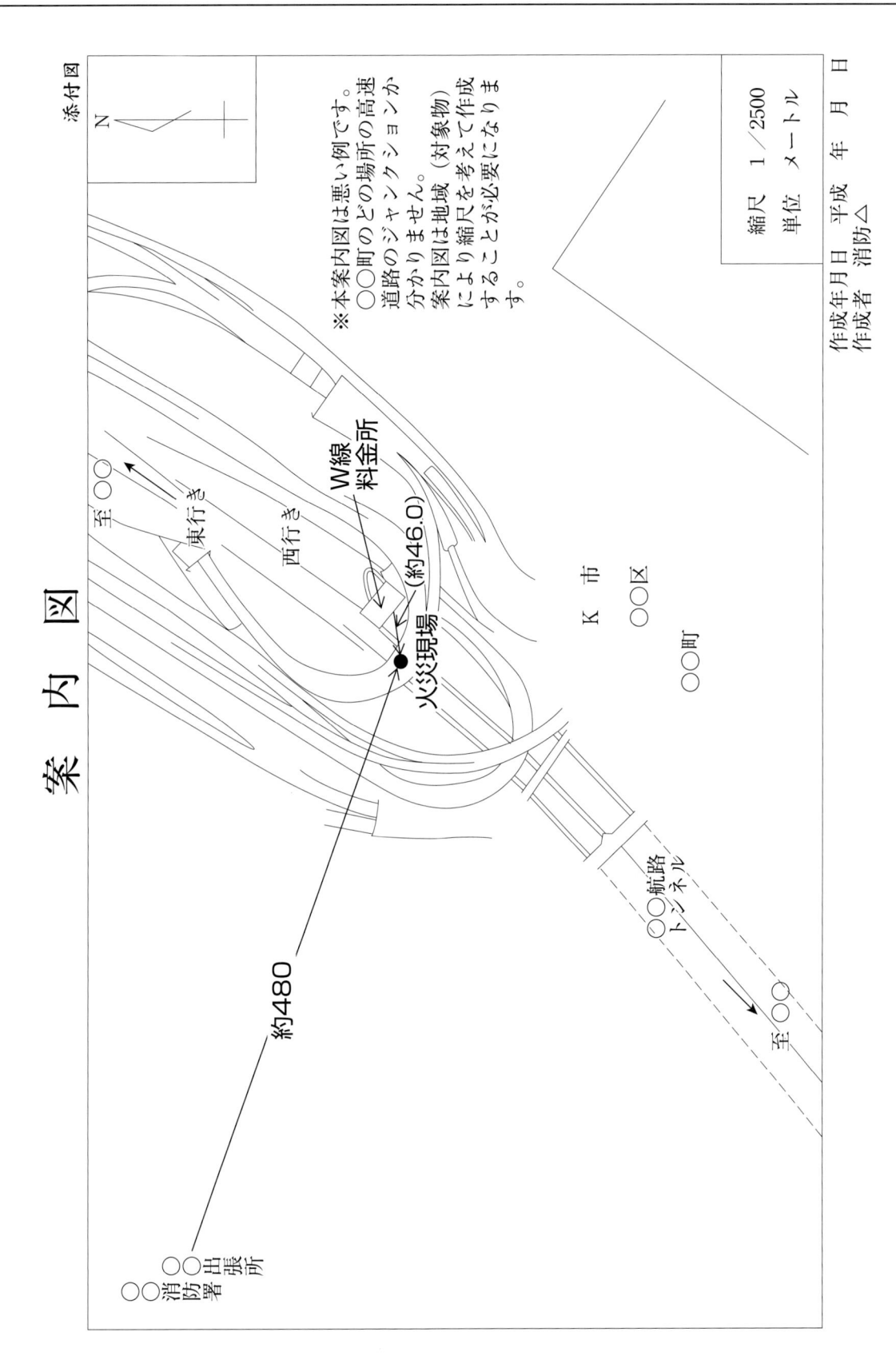

案 内 図

添付図

N

縮尺 1/2500
単位 メートル

作成年月日 平成 年 月 日
作成者 消防△

※本案内図は悪い例です。
○○町のどの場所の高速道路のジャンクションか分かりません。
案内図は地域（対象物）により縮尺を考えて作成することが必要になります。

至○○
東行き
西行き
W線料金所
（約46.0）
火災現場
K 市
○○区
○○町
○○航路トンネル
至○○
約480
○○消防署
○○出張所

項目解説

❶ 写真1（実況見分の翌日撮影）について

　当該出火場所は高速道路上であり、焼損車両をその場に現場保存しておくことに危険が伴い、交通事故を誘発する可能性もあったので、夜間の発生にもかかわらず、鎮火後直ちに第1回の実況見分を実施したことから、現場の周囲の写真撮影が困難でした。しかし、現場の状況を説明するうえで現場周囲の写真が必要と判断し、翌日撮影したものです。

　実況見分は、時間を示してその時間内に実施し、当該時間の現場の客観的事実を見分するものですから、現場の写真についても、当該時間内に撮影したものを添付します。

　本事例のように、実況見分の実施時間外に撮影した写真が実況見分調書を作成するうえで必要と認めた場合は、別の時間に撮影したことを明確にしておかなければなりません。

　ただし、実況見分の前の防ぎょ活動中に撮影した写真が必要な場合は、火災状況見分調書を作成して、当該写真を添付します。

❷ 網掛け部分「車種はＶ社製…の前輪駆動車である」について

　まず、実況見分において焼損している車両を一見して、メーカーはともかく、グレードはよほどの車マニアでない限り分からないはずです。

　車のメーカーや車種、グレードなどは、自動車検査証で確認するか、自動車検査証が焼失していれば、車体に刻印されている車体番号を確認して、必要があれば後日メーカーに問い合わせをするか、若しくは所有者や運転者からの質問調書で明らかにするか、所有者、管理者などから提出された、り災届出により明らかにするものです。

　次に、括弧内の車両の大きさですが、ミリ単位まで記載されている箇所もあり、実況見分後にパンフレットなどにより確認したものと思われます。

　実況見分調書には、その場で実測したものを記載することが必要です。本火災事例では焼損車両の前輪はパンクしていたので、明らかにパンフレットに記載の高さとは違ってくるはずです。長さにしても樹脂性のバンパーが焼失していれば違ってきます。

　また、実況見分調書は、見分した客観的事実をそのまま記載することから、立会人の年齢及び添付図、写真の参照についての記載を除き、原則として文章のなかでは括弧書きは使用しません。

　本火災事例では、「焼損車両の大きさを測定すると、車両の長さは4.72メートル、幅は1.81メートル…である」などとなります。

　「右ハンドル」についても、車内を見分して初めて明らかになることですので、車内の見分時に記載することとなります。

　本火災事例の焼損車両は、外国メーカー製であることから、ハンドルの見分については特に注意が必要ですが、日本メーカーの車両でも逆輸入車であることがありますので、先

入観で記載することなく、事実を確認して記載する習慣付けをすることです。
　「前輪駆動車」については、エンジンルームを見分すれば分かる調査員もいると思いますが、通常は、メーカーや運転者などの立会人に確認する内容ではないでしょうか。また、この段階で前輪駆動車かどうかを明らかにする必要もないと思います。

❸ 車両の周囲の見分について

　車両の周囲の見分においては、焼損車両の停車位置の見分の後、焼損車両の具体的な見分に入る前に、車両の周囲にある側壁などの焼損の有無について見分して記載しなければなりません。
　本火災事例では、車両の焼損が著しいことから、車両に先に目が向いてしまい、延焼危険のある周囲の状況も見分しているはずですが、その結果を実況見分調書に記載していないと考えられます。

❹ 網掛け部分「車両の後方…立会人のAに尋ね…ナンバープレートを確認する…」について

　車から離れた位置にあるナンバープレートを見分し、先入観で記載することなく、立会人に説明を求めていて、良い事例です。
　この状況を先入観で記載した悪い例としては、「車両の後方に焼損車両のナンバープレートがあるので確認すると…」などとなります。

❺ 網掛け部分「前後左右」について

　実況見分は原則として何人にも共通の方位で表しますが、特に車両火災の場合は、車両進行方向で前後左右として見分を実施したほうが間違いはなくなり、読むほうも理解しやすくなります。

❻ 網掛け部分「窓ガラスが破損して」について

　ガラスが破損している場合は、ガラスの飛散状況を見分し、記録しておくことを習慣付けます。一か所ずつ記載して、しつこくなるときは、何か所かまとめて記載する方法もあります。
　ガラスは、火炎により破損する場合、受熱側に多く飛散するので、そのことを確認するために、飛散状況の見分が必要となります。ただし、放水で破損した場合は、放水圧により違ってきますし、車両のフロントやリアガラスのように傾斜している場所では、内側に多く飛散していることがあることを考慮する必要があります。
　ガラスの破損について記載している箇所は、ほかにも出てきますが、同様です。

❼ 網掛け部分「ガソリンの給油口」について

　この時点では、焼損車両の燃料が「ガソリン」ということは分かっていないので、ここでは「燃料の給油口」とするべきです。
　ただし仮に、エンジンルームを先に見分し、エンジンの構造からディーゼルエンジンでなくガソリン車であることが分かっているか、立会人に燃料について確認しているか、ということならば、「ガソリン」とすることもできます。

❽ 網掛け部分「リアハッチ方向から車内を見分すると」について

　まず、焼損車両のリアハッチが認められないことを記載し、リアハッチは元々なかったのか、焼失したのであれば、その材質は何なのかを立会人に確認する必要があります。一般的には、車両のリアハッチは金属製であることが多いのではないでしょうか。
　当該焼損車両のリアハッチは、グラスファイバー製であり、運転者が火災に気付き、110番通報した後、リアハッチを開け、荷物室からサーフボードを外に出し、そのまま開け放していたということです。
　写真を見て分かるとおり、リアハッチ付近の車体は灰白色に変色し、焼きが著しいことから、前記のリアハッチの材質や、延焼中にリアハッチを開け放していた事実を記載していないと、出火箇所の判定で説明がつかなくて苦労することとなります。
　建物火災でも同様ですが、部分的に焼きが著しい箇所などで、必要があるときは、その理由となる客観的事実を実況見分調書の中に記載します。

❾ 写真6について

　写真6は車両内部の前寄りを撮影したものですが、窓越しでなく車両の内部後部座席からか、ドアを開けて撮影したほうが分かりやすくなります。
　また、この箇所の見分で、ステアリングの鉄枠やインストルメントパネルから右ハンドルであることを確認して記載することとなります。
　本事例では、❷で説明したとおり、車内を見分する前から右ハンドル車であるとしていますので、この箇所で「右ハンドル」の説明をしていないのであろうと思われます。

❿ 網掛け部分「アルミ製ボンネットを見分すると」について

　いきなりボンネットがアルミ製であることは、分からないはずです。
　これは、防ぎょ活動中などに焼損車両を見分していて、ボンネットが溶融し路上に固着している状況や、ボンネットの溶融していない部分を確認しているからです。
　実況見分は、見分時の見分結果を記載するもので、実況見分の実施前に見聞きしたことについては、記載しません。改めて現場を確認するか、立会人に確認した後に記載します。
　本事例では、ボンネットを見分するか、立会人に説明を求めれば、ボンネットがアルミ製

であることが分かるはずです。

今でこそ、アルミ製やグラスファイバー製のボンネットの車両を多く見るようになりましたが、私も15年以上前になりますが、高級車に乗ることがなかったので、車両火災の鎮火後にボンネットがない車両を見て驚きました。このときは、アルミ製のボンネットで、これがすべて溶融してエンジンルーム内や路上に固着していました。

エンジンルーム内の見分は、高速道路上の見分ということと夜間に実施していることもあり、詳細に見分はしていませんが、車体に刻印されているか取り付けられたプレートから車体番号を確認して、写真に残すとともに記録し、車両移動後に再度見分するときに照合します。

ナンバープレートは取り外すこともできますので、車体番号の確認も習慣付けることです。

⓫ フロント部分の見分について

これは、見分している客観的事実を記載していて、良い事例です。

このフロント部分の見分でよくある間違いは、バンパーが焼失していると、ここには樹脂製のバンパーがあるとの先入観から、「フロントの樹脂製のバンパーは焼失し」などと記載してしまうことです。

また、同型の車両を横に駐車させるなど、比較して見分している場合に混同してしまうことがありますので、注意が必要です。

⓬ 網掛け部分「最後に焼きした車両…見分すると…認められる」について

車両が停車していた道路面を見分するには、焼損車両を移動しなければ見分できないはずですから、「焼損車両をレッカー車で移動して、停車されていた道路面を見分すると」など、まず、焼損車両を移動してから路面を見分していることを記載します。

車両火災において、この焼損車両が停車されていた道路面の見分は、非常に大切な必須項目です。それは、道路面の見分はもちろん、道路上に認められる残存物を確認することも大切であるからです。

見分方法としては、焼損車両が停車されていた位置にエンジンルーム部分、室内部分、トランクルーム部分をそれぞれ左右に分けて見分します。

特にエンジンルームの下には思いも掛けない残存物が認められることがあります。

私は、シリンダーヘッドの破片、クランクシャフトの一部などを認め、そのことから原因の判定に至った経験があります。また、路上に落ちていた布の炭化物から、エンジンルーム内に引っ掛かっていたウエスの残存物を発見したこともあります。

これらの残存物は、車両を移動中に落下することもありますので、移動する前にエンジンルームを注意深く見分することが大切となります。

⑬ 第1回の実況見分について

　高速道路上から車両を移動して、日中に改めて詳細に見分することとしていたので、車内やエンジンルームの詳細な見分をしていないことは認めますが、車種や車体のボディの色について記載していません。実況見分時には確認しているのに、記載することを忘れたのだと思います。

　なぜ、車種やボディの色が必要かといいますと、別の場所で改めて実況見分を実施する場合に、見分する車両が該当車両であるかを、車体番号、ナンバープレート、車種、ボディの色などで総合的に判断するためです。

(2) **実況見分調書（第2回）**

火災番号　No.○○○

実況見分調書（第2回）

出火日時　平成○○年○月○日（○）○○時○○分ころ
出火場所　K市○○区○○町○○○○番地○
上記の火災について、関係者の承諾を得て、次のとおり現場を見分した。

平成○○年○○月○○日
所　　属　○○消防署
階級・氏名　消防△　○○　○○　印

日　　　　時	平成　○○年　○月　○日　○○時　○○分　開始
	平成　○○年　○月　○日　○○時　○○分　終了
場所及び物件	Y市○○区○○町○○○○番地　有限会社Yレッカー敷地内屋外駐車場の焼損車両
立　会　人	A（○○歳）　B（○○歳）

❶実況見分第1回で焼損の認められた車両が移送されたY市○○区○○町○○○○番地に所在する有限会社Yレッカー敷地内屋外駐車場において、❷焼損車両を当日運転していたA及び焼損車両のアフターサービス担当の○○インポート株式会社のBの立会により見分をすすめる。

❸焼損車両は、有限会社Yの敷地内屋外駐車場に置かれており、焼損車両に近付き車種、車体番号をそれぞれ確認すると、ボディの色は黒色で、車種は○○○V70ベースグレードの右ハンドル車で、車体番号は○○○△△△である（添付図参照）。

　次に、焼損状況を見分することとするが、車両外周部については実況見分調書第1回で記載しているため、車内及びエンジンルーム内を詳細に見分する。

　なお、見分の便宜上、車両進行方向を向いて前後左右として見分する。

1　焼き状況
(1) 車内について
　　車内を見分するにあたり、ファースト・セカンドシートの座席部分及び座席後方

事例④　車両火災　137

の荷物室に分けて見分する。
ア　荷物室について
　車両後方から荷物室を見分すると、荷物室の内装材はすべて焼失し、床には炭化物が堆積している。
　炭化物を取り除くと、厚さ５ミリメートルほどのパネル板があり、浅い炭化亀裂が認められる。中央のパネル板を持ち上げてパネル板の下を見分すると、スペアタイヤの保管場所があり、中に入っているスペアタイヤに焼きは認められない。
　次に、最後部左側のパネル板を持ち上げて見分すると、バッテリーが設置されており、バッテリーを見分すると、❹バッテリーの端子への配線は外されており、バッテリー及び配線に焼きなどの異常は認められない（写真１・２参照）。

写真１

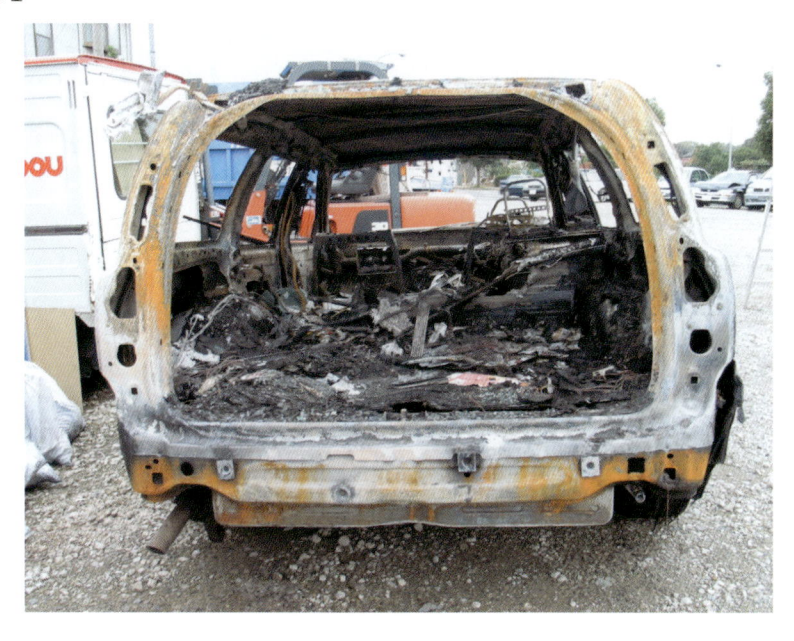

写真2

バッテリー　　　　　　　　スペアタイヤ

イ　座席部分について

　右側リアドアを開放して車外からリアシート部分を見分すると、内装材はすべて焼きし、炭化物が堆積している。

　左側のリアシートは背もたれが前方に倒れているので、立会人のAに確認すると、「左側のリアシートはサーフボードを載せるために背もたれを倒していました」と説明する。そこで、背もたれを起こして見分すると、シートの座面に焼きはなく、座面の表皮が皮製であることが確認できる。

　次に、右側のリアシートを見分すると、背もたれ部分は鉄製の骨組みだけが残存し、腰掛部分は表皮が焼失し、クッション材が露出しているのが認められる。

　続いて、右側のフロントドアを開放して車外からファーストシート部分を見分すると、右側、左側のシートは、ともに背もたれが鉄製の骨組みだけを残し焼失しており、腰掛部分は左右とも表皮が焼失しクッション材が露出している。

　ダッシュボードは、右側の運転席側も左側の助手席ともに焼きして鉄製の枠が露出しており、右側のハンドルやハンドル付近には溶融した樹脂類が固着している（写真3参照）。

写真3

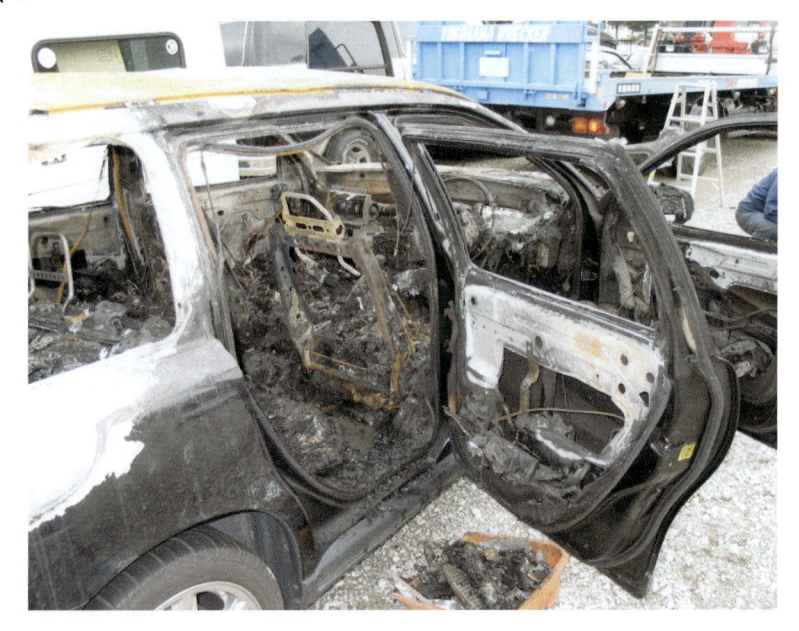

❺　イグニッションキーの状況を見分すると、キーは抜かれており、キーの差込口は焼きし煤けている。
　　次に、サイドブレーキを見分すると上方に引かれている状態で焼きしているのが確認できる。

（2）エンジンルーム内について　❻
　車両前方に移動して、一部残存しているアルミ製のボンネットを除去し、エンジンルーム内を見分する。
　エンジンルーム内は全体が焼きし、合成樹脂類の部品は認められない。
　まず、エンジンルーム内の最も後方に位置しているフロントバルクヘッド付近を見分すると、右側のワイパーは残存しているが、左側のワイパーは認められない。
　フロントバルクヘッドを見分すると、右側は白色に変色しているのに対し、左側は腐食して錆が出ている。
　次に、エンジンのヘッドカバーとその周囲を見分すると、エンジンヘッドカバーの左端に位置しているタイミングベルトは焼きし、亀裂が生じている。
　イグニッションコイルのプラグコードは、左のコードの被覆は焼失しているが、右側のコードの被覆は炭化しているもののコードに付着しているのが認められる。
　インテークマニホールドを見分すると、最も左側の吸気管にへこみ部分が認められる。
　続いて、エンジンルーム内の左側前方を見分すると、ヒューズボックスは焼きし、金属のターミナル部分のみが残存している。

ヒューズボックスの下方に紙類の炭化物が認められることから、立会人のBに、この炭化物について説明を求めると、「エアークリーナーがこの付近に設置されていますので、エアークリーナーのフィルターだと思います」と説明する。

　次に、ヒューズボックスの右側に位置しているABSコントローラーを見分すると、錆が発生している。

　エンジンルーム内の電気配線は、配線被覆がすべて焼失し、芯線が露出しているので、この電気配線をそれぞれ見分すると、バッテリーからオルタネーターに配線されている芯線にへこみが認められ、一部断線している箇所が認められるが、断面を詳細に見分するも溶痕は認められず、その他の電気配線に溶痕は認められない。

　エンジンルーム最前部に位置しているフロントグリルシャシーを見分すると、右側は白色に変色しているのに対し、左側は腐食しているのが認められる。

写真4

❼次に、エンジンオイル、オートマチックミッションオイル及びパワーステアリングオイルの残量をレベルゲージで確認すると、エンジンオイルのみ規定量より少ないことが認められる（写真5・6参照）。

写真5

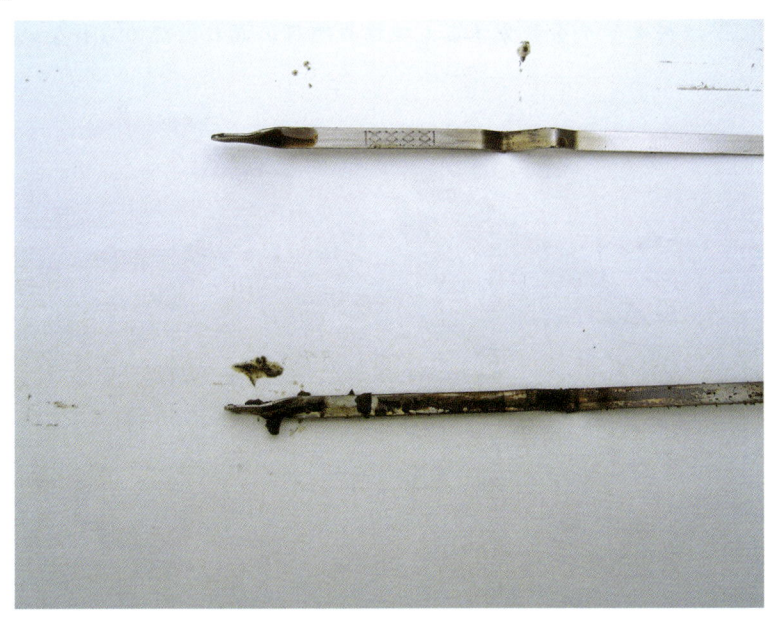

写真6

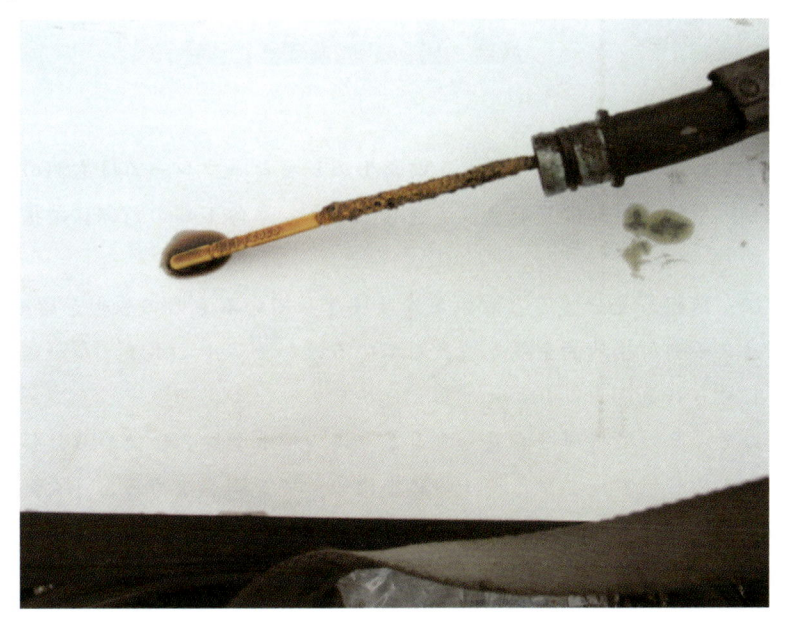

(3) 車体下部について
❽ 焼損車両の下部を見分する。
　ア　後部について
　　　車体下部の中央から後部を見分すると、中央寄りには焼きは認められず、後部のバンパー付近に焼きが認められ、灰白色に変色している。
　　　続いて、後輪のブレーキオイルの配管を見分するも破損やオイルの漏れは認め

られない。

　次に、❾燃料タンクを見分するも破損や燃料の漏れは認められない（写真7参照）。

写真7

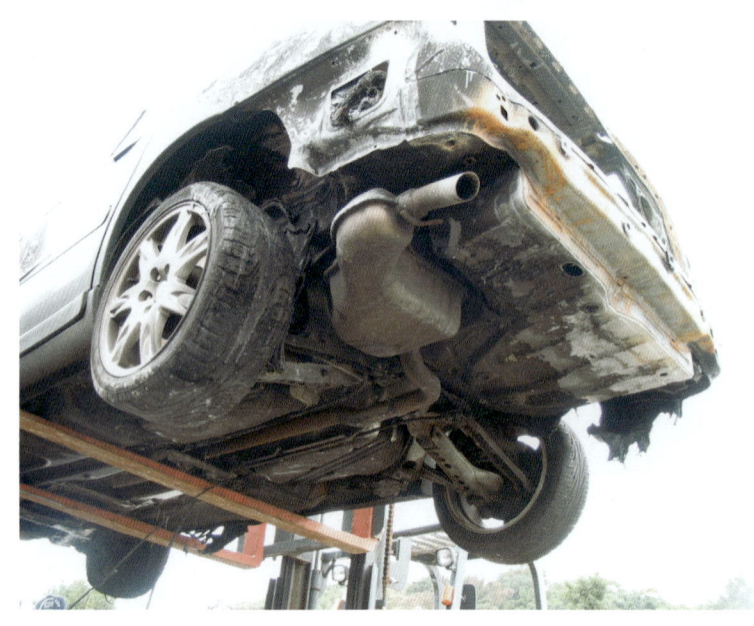

イ　前部について

　車体下部の前部を見分すると、四角形のシャシーフレームは右側の前部が白く変色し、左側と後部は黒い色に変色しており、車体下部の前部に破損は認められない。

　次に、前輪を見分すると右の前輪は焼きしているものの原形を留めているが、左側はタイヤが接地面を残し焼失しているほか、❿アルミホイールが破損しているのが認められる。

　そこで、その破損部分を見分すると、煤の付着や焼きは認められない。

　立会人のBにアルミホイールの破損について説明を求めると「火災現場から車両を移動するためレッカー車で車体後部を吊り上げた際、車重と車内に溜まっていた消火水の重さの影響で破損したと思います」と説明する（写真8参照）。

写真8

添付図

有限会社Yレッカー配置図

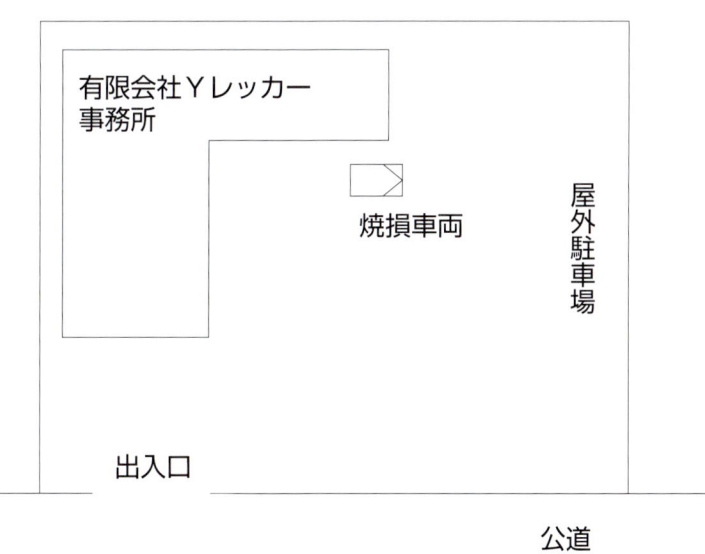

```
有限会社Yレッカー
事務所                    焼損車両    屋外駐車場

出入口
                        公道
```

作成年月日　平成　年　月　日
作成者　消防△

項目解説

❶ 焼損車両の保存について

　焼損車両を移動させる場合、この保存については問題があります。
　本来ならば、次の実況見分まで消防職員が当該車両の保存を確認していなければならないということです。
　建物火災の場合は、鎮火後、立入規制を行い、警察官と消防職員が協力して現場保存を実施し、実況見分を実施しています。しかし、車両火災の場合は、警察署の車庫に移動した場合には立入規制となっていますが、所有者などの希望する修理工場、レッカー会社の駐車場などに移動した場合には、消防職員が張り付いていることはしていません。
　そこで、苦肉の策として、立入禁止テープやロープでエンジンルームやドアを縛り、次の見分まで関係者に手を触れないように指導していますが、本来の現場保存とはなっていません。

❷ 網掛け部分「焼損車両を…A及び…Bの立会により見分」について

　車両の実況見分の立会人は、車両の所有者などのほか、車両のメーカーの技術者の立会を求めます。
　車両は車種ごとに部品の位置なども違いますし、分解するにあたり、特殊な工具（外国製の車両はボルトのサイズが違いますので工具も違ってきます）を必要とすることがあります。
　また、リコールに発展するような場合にも、消防機関とメーカーがお互いに出火箇所、出火に起因する部品などを確認することが大切であるからです。

❸ 網掛け部分「車体番号をそれぞれ確認する」について

　(1)実況見分調書（第１回）❿（p.134）でも説明しましたが、ナンバープレートは取り外すことができるので、ボディに取り付けられている名盤又は刻印されている車体番号で確認します。

❹ 網掛け部分「バッテリーの端子への配線は外されており」について

　これは、現場（バッテリー）の状況をそのまま記載してある良い例です。
　よくある悪い例は、「バッテリーの配線は消防隊が火災防ぎょ中に外したもので」と、実況見分では分からないことを記載しているものです。火災原因の判定で、消防隊がバッテリーの配線を外した事実が必要ならば、当該行為を実施した消防隊に火災状況見分調書を作成させ、その事実を記載させることです。
　また、バッテリーの設置場所について、国産車は一部のワゴン車などを除きエンジン

ームにあることが多いのですが、外国製車両はトランクルームや後部座席のシートの下にあることもありますので、事前に研究しておきましょう。

❺ 網掛け部分「イグニッションキー…見分すると…煤けている」及び「サイドブレーキを見分すると…焼きしている…」について

車内のイグニッションキーの付近は、キーを抜いてから、また、サイドブレーキが引かれてから焼損したことが確認できますが、当該付近の写真が欲しいものです。

❻ 車内の見分について

車内の焼き残存物をすべて出して、フロアーマットを見分し、焼きしているか、焼きしているのはフロアーマットの表側のみか、裏側が焼きしていれば床はどうなのか、鉄製の床は焼きしているのかを見分して、室内の焼きが床下の外部から延焼しているのかを確認します。

触媒から出火した場合などの車両外周部の下部から出火した場合は、床やフロアーマットに焼きが認められるからです。

車両外周部からの延焼を否定するためにも、車両火災における床の見分は必須項目となります。

❼ 網掛け部分「エンジンオイル…レベルゲージで確認」について

車両火災の場合にこれらオイルの残量を確認することは、火災原因の判定の中で必要な項目です（打消しに際して必要なこともあります）。

オイルの確認で注意することは、消火水が入っていて量が多くなっていることがあるということです。

また、規定量より多い場合だけでなく、少ない場合も、ほぼ空になってから消火水が入っていることもありますので、手で触って確認するか、保管して分析することが必要な場合もあります。

本火災事例では、オイルレベルゲージの写真に矢印を入れていませんが、オイルの位置を矢印で示すことが必要です。

また、このほかにブレーキオイルの確認も必要ですが、本火災事例ではブレーキオイルの樹脂製の注入口が焼失していて確認できませんでした。

❽ 車両の焼損状況の見分について

車両の下部を見分することは、焼け止まりや焼損している部品を見分するうえで必要なことです。

本事例では、フォークリフトを使用して車体を持ち上げて見分していますが、持ち上げる際の重量のバランス調整、ワイヤーロープでの固定等の安全策を十分に行うほか、安全

監視員を配置して見分を実施しています。

また、ジャッキアップにより見分する場合も、ガレージジャッキや枕木などを使用するほか、安全管理員を配置するなど、安全管理に十分な配慮をします。

車庫に車体下部点検用の溝が掘られている所は、安全管理上優れているのですが、このような場所は少なくなっています。

建物火災においても、焼損の著しい現場では、落下危険のある物を極力排除してから実況見分を実施しますが、実況見分実施者とは別に、落下物、柱の倒壊などを監視する安全管理員も配置するような危機意識をもつことが必要です。

火災調査の責任者は、実況見分の現場における危機管理についても責任をもち、必要により、上司に安全管理の要員の配置について具申するべきです。

❾ 網掛け部分「燃料タンクを見分するも破損や燃料の漏れは認められない」について

出火から数日経過している第3回の実況見分では、燃料がタンクや配管等に付着していることはありませんが、その部分が変色しているなどの痕跡を残しているはずですから、詳細に見分します。

❿ 網掛け部分「アルミホイールが破損…煤の付着や焼きは認められない…立会人の…」について

右の前輪に比較して左の前輪はタイヤがほとんど焼失しているなど、焼きが著しくても、それでアルミホイールが破損することはなく、また、破損箇所に焼きが認められないことから、延焼中に破損したことは考えにくく、さらに、出火前に破損したことも考えにくいことから、その破損の可能性について立会人に確認しています。

そのことを質問調書で録取する方法もありますが、本火災事例では、車両前部の右側に比較して左側の焼きが著しいことから、この場所で破損している左前輪のアルミホイールについて確認しています。

(3) 実況見分調書（第3回）

火災番号　No.○○○

実況見分調書（第3回）

出火日時　平成○○年○月○日（○）○○時○○分ころ
出火場所　K市○○区○○町○○○番地○
上記の火災について、関係者の承諾を得て、次のとおり現場を見分した。

平成○○年○月○日
所　　属　○○消防署
階級・氏名　消防△　○○　○○　印

日　　時	平成　○○年　○月　○日　○○時　○○分　開始 平成　○○年　○月　○日　○○時　○○分　終了
場所及び物件	Y市○○区○○町○○○○番地　有限会社Yレッカー敷地内屋外駐車場の焼損車両
立　会　人	A（○○歳）　B（○○歳）

　実況見分調書（第2回）に記載のとおり、焼損した車両のうち、焼きが特に強く認められたのはエンジンルームであること。

　さらに、出火当時、車両を運転したA及び通報者のCが、火災発見時にボンネット付近から白煙が出ていたと供述していることから、第2回実況見分に引き続き、焼損車両の保管場所において焼損車両を当日運転していたA及び焼損車両のアフターサービス担当の○○インポート株式会社のBの立会いでエンジン本体の状況について詳細に見分する。

　見分の便宜上車両の進行方向に向いて、前後左右とするほか、エンジンの吸気側を「表側」、排気側を「裏側」として見分を進める。

❶焼損車両をフォークリフトで上げて車体下部からエンジンルームを見分する。

　まず、エンジン本体最下部に位置するオイルパン外周部を見分する。オイルパンは亀裂や破損もなく、オイルの滲みも認められない。

　次に、エンジンの裏側を見分すると、シリンダーブロック全体にオイルが付着し、底板は茶褐色に変色しており、直近に位置しているエキゾーストマニホールド管は灰白色に変色しているのが認められる。

　そこで、エキゾーストマニホールド付近のシリンダーブロックを詳細に見分すると、エキゾーストマニホールドとエンジン本体の接続部から左側に23センチメートル、クランクシャフトケースの上部10センチメートルの箇所に縦4.5センチメートル、最大幅2.3センチメートルのほぼ長方形に破損して穴が空いているのが認められる（写真1参照）。

写真1　　　　　　　　　シリンダーブロックの破損箇所

続いて、シリンダーブロックの表側を詳細に見分すると、縦4センチメートル、幅2センチメートルの長方形に破損して穴が空いているのが認められ、穴の周囲に若干のオイルが付着しているのが認められる（写真2参照）。

写真2　　　　　シリンダーブロックの破損箇所

❷次に、オイルパン内のオイルを抜き取り、オイルパンを取り外して内部の状況を見分する。

オイルパン内は、オイルストレーナー取付位置から対面方向のオートマチックトランスミッションフルードストレーナー隅の溝には、長さ12センチメートル、幅1.3センチメートルの折損した金属製の部品が認められる。

立会人Bに当該部品について尋ねると、「これは、ピストンとクランクシャフトを連結するもので、コネクティングロッドと呼ばれている部品の一部です。折損が認められる側はスモールエンドといいます。何番目のシリンダー内のコネクティングロッドかは分かりませんが、折損してオイルパン内に落下したものと考えられます」との説明がある（写真3参照）。

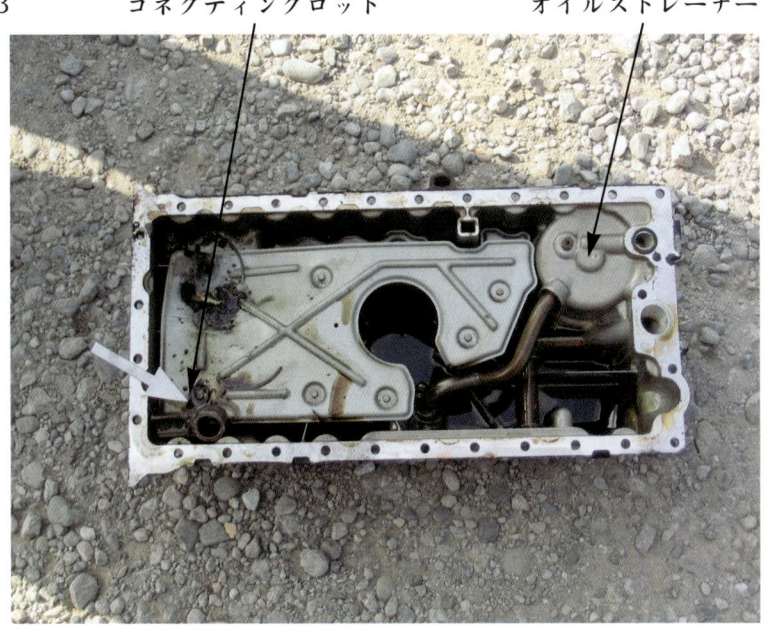

写真3　　　コネクティングロッド　　　　　オイルストレーナー

次に、エンジンヘッドカバーを取り外し、シリンダー内部の状況について見分を進める。

見分するにあたり、立会人Bにエンジンの構造について確認すると、「エンジンは水冷式で、4サイクル、ダブル・オーバーヘッド・カムシャフト式の5気筒20バルブ方式です。また、シリンダーブロックの肉厚は約3ミリメートルでアルミ合金製です」との説明がある。

続いて、吸排気カムシャフトを取り外し、シリンダー内のピストン、ピストンリング、コネクティングロッドについて見分する。

❸見分の便宜上、車両右寄りに位置する吸気カムプーリ及びカムプーリ側から1番、2番、3番、4番、5番シリンダーと付して見分を進める。

1番シリンダーから順次見分すると、4番シリンダーまでのピストンヘッドの破損や

変形は認められないが、5番シリンダーはピストンヘッドが破損しており、ピストンメタルは斜状に傾き、ピストンクランクからピストンリングが外れている。

また、❹5番シリンダーのシリンダーライナーは下部と上部を比較すると、下部は油が潤い光沢が認められるのに対し、上部は茶褐色に変色して光沢は認められない（写真4・5参照）。

写真4　1番　2番　3番　4番　5番

写真5　　　　　　　　シリンダーライナー

ピストンリング　　　ピストンメタル

続いて、🟢クランクケースとシリンダー内を車両の下部から見分すると、1番から4番シリンダーのベアリングには、コネクティングロッドが接続されているのに対し、5番シリンダーはビッグエンドからスモールエンドまで、コネクティングロッドボルトから外れているのが認められるが、シリンダー内にはコネクティングロッドは認められない。

また、5番シリンダーのコネクティングロッドが上下に回転する方向に対面するシリンダーブロックには、後側に縦4.5センチメートル、最大幅2.3センチメートルで、ほぼ長方形の大きさに破損して穴が空いているのが認められ、前側のシリンダーブロックにも縦4センチメートル、幅2センチメートルのほぼ長方形の破損箇所が認められる(写真6参照)。

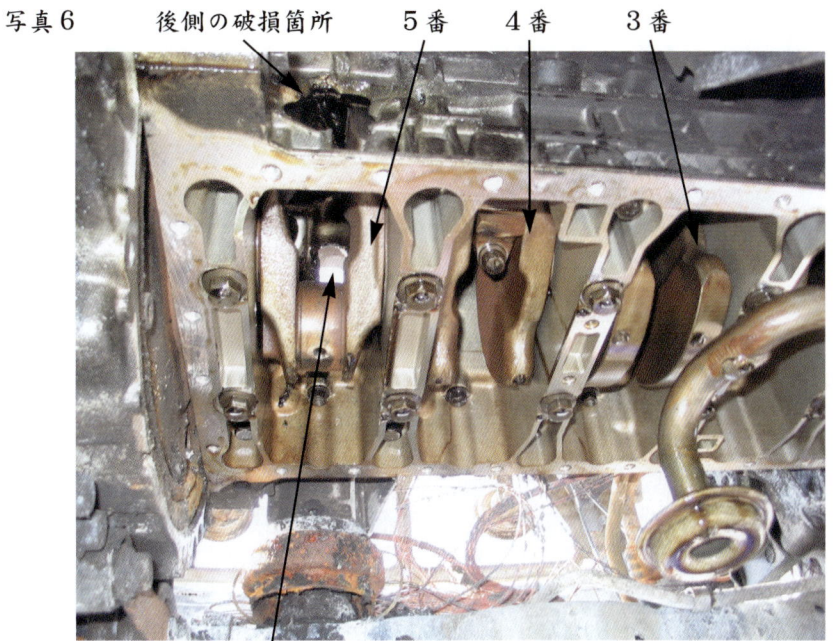

写真6　　　後側の破損箇所　　5番　　4番　　3番

前側の破損箇所

次に、ピストンヘッド頂上部に位置する吸排気タペットラベルを取り外し、🟢吸排気バルブ(1本のピストンヘッド頂上部に4本のバルブが内蔵されており、吸気バルブ2本、排気バルブ2本で構成されている)傘部をバルブホールの下側から見分すると、1番から4番のバルブホール全体に油が潤い、光沢が認められるのに対し、5番のバルブホールには、油の潤い及び光沢もなく黒く炭化しているのが認められる(写真7・8参照)。

写真7　排気側　1番　　　5番

タペットラベル　　吸気側

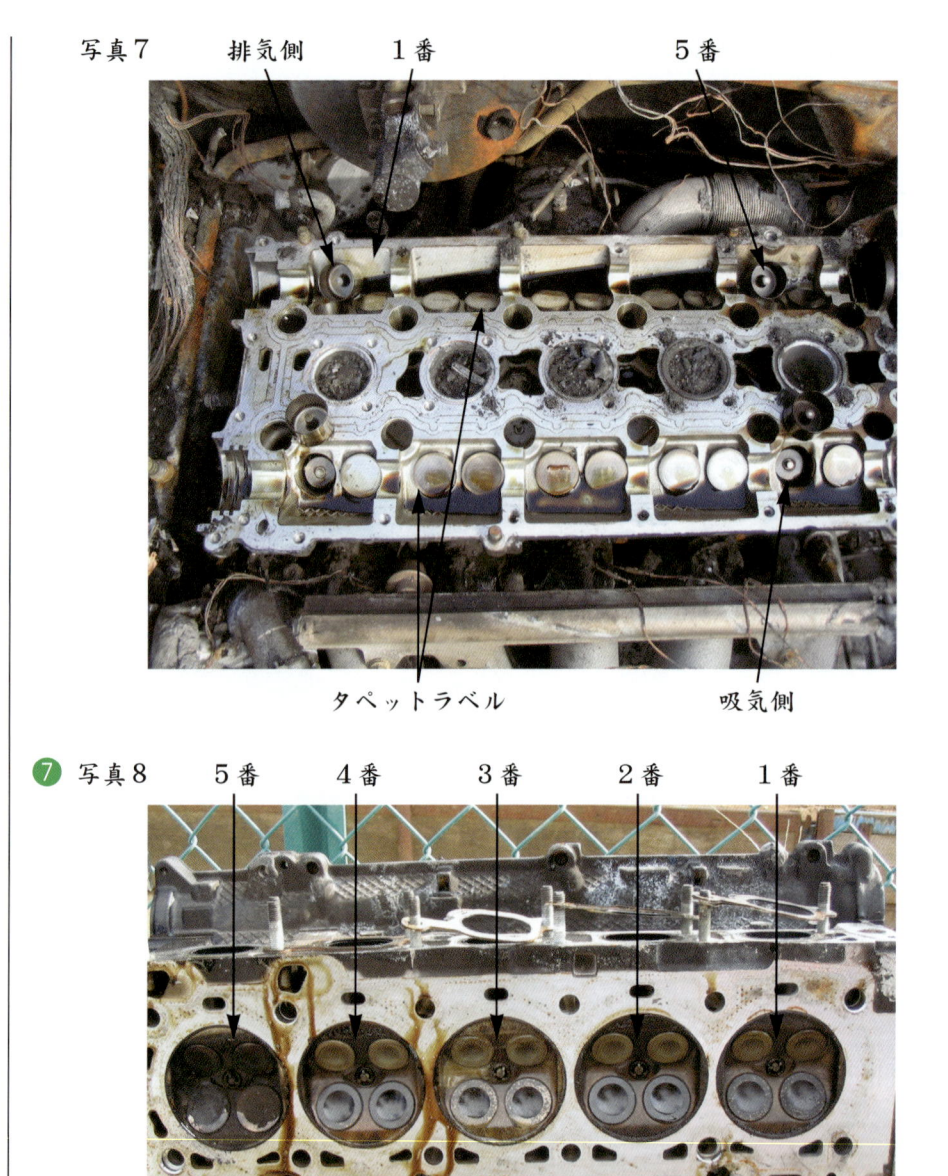

❼ 写真8　5番　4番　3番　2番　1番

　続いて、4番及び5番バルブホールから、❽吸気バルブ及び排気バルブを取り外し、状態を比較すると、4番バルブホールのバルブフェース、ステム及び傘部には、変形や破損は認められないが、5番バルブホールの4本のバルブのうち、❾2本（吸気バルブ）のステム全体は5度傾き、バルブフェース及び傘部は黒色に変色しているのが認められる（写真9参照）。

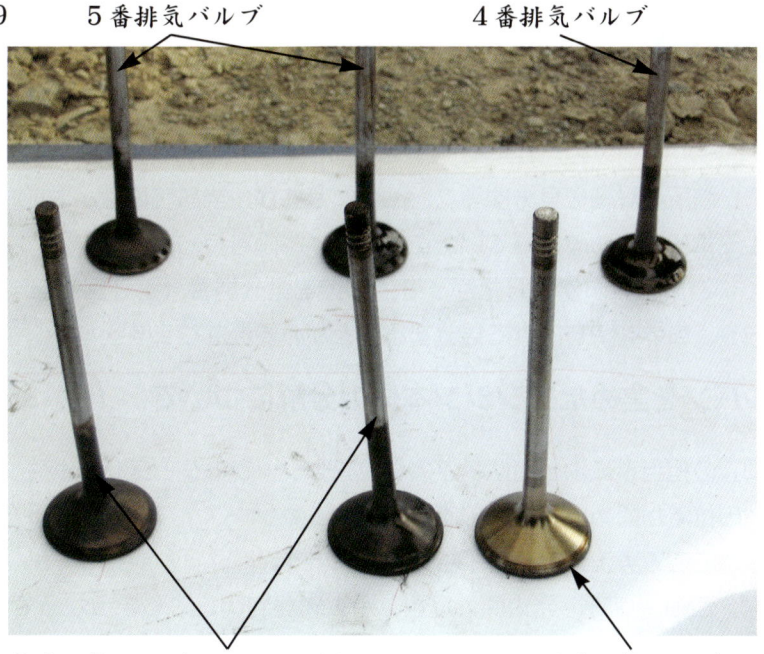

写真9　5番排気バルブ　　　4番排気バルブ

5番吸気バルブのステムは傾いている　　4番吸気バルブ

　次に、5番シリンダー内から破損変形したピストンリングなどを取り出し見分すると、ピストンヘッドの3分の1が欠損し、コネクティングロッド、ビッグエンド及びピストンリングが折損しているのが認められる（写真10参照）。

⑩　写真10　　ピストンヘッド　　　　　　　ピストンリング

コネクティングロッド　　　　ビッグエンド

項目解説

❶ 網掛け部分「焼損車両を…上げて車体下部から…見分する」について

　焼きの著しい箇所を詳細に見分することは当然ですが、当該箇所は、左前輪のタイヤが焼失し、アルミホイールも破損していたことから、車両を持ち上げないと、なかなか詳細に見分しにくいと思われます。したがって、(2)実況見分調書（第2回）❽（p.145）で説明したとおり、車体を持ち上げて見分することが必要となります。

❷ オイルパンを含めたエンジン本体の分解について

　火災原因調査の担当者によっては、このクランクシャフトケースに穴が空いていて、穴の付近には油の付着が認められ、その直近にあるエキゾーストマニホールドが灰白色に変色していれば、ここで実況見分を終了してしまいます。

　なぜならば、この時点で、発火源、経過、着火物が判明してしまうからです。そして、火災原因判定書は「何らかの原因でクランクシャフトケースに穴が空き」などの表現で記載します。

　しかし、私は、このクランクシャフトケースになぜ穴が開いたのかを究明しなければ、再発防止や火災予防にならず、法律上火災の調査を責務としている消防機関としては、穴が空いた理由まで究明することが当然のことと考えています。

　本火災事例の火災調査の担当係長も同様の考えであり、悩むことなく、エンジン本体の分解を行いました。

　このエンジン本体の分解には時間も人手も掛かりますし、特殊な工具も必要としますが、車両の所有者はもちろん、車両のメーカーの技術者に分解の必要性について説明したところ、所有者もメーカーも再発防止の観点から積極的に協力してくれました。

❸ 網掛け部分「見分の便宜上、車両右寄りに位置する…」について

　5個あるシリンダーを見分するにあたり、便宜上、番号を付して見分をしています。本事例のように同一のものを見分する場合は、番号等を付して見分すると分かりやすくなります。

❹ 網掛け部分「5番シリンダーのシリンダーライナーは下部と上部を比較」について

　5番シリンダーのシリンダーライナーの下部と上部を比較していますが、1～4番のシリンダーのシリンダーライナーはどうなっているのかが記載されていません。前段で、1～4番のシリンダーのピストンヘッドについて破損や変形は認められないとされていますが、ここでは1～4番と5番のシリンダーライナーの比較が必要です。

このシリンダーライナーについて、見分者は現場で見分して比較しているはずですが、ここでは、通常のシリンダーは油が潤い光沢しているとの先入観と、シリンダーヘッドの位置によりシリンダーライナーが見分できないシリンダーがあることから、各シリンダーライナーの比較について記載していないと考えられます。

❺ 網掛け部分「クランクケースとシリンダー内を車両の下部から見分すると」について

シリンダーブロックの下の、クランクケースの下に取り付けられていた「オイルパン」を取り外して、その状態で見分していることを説明する必要があります。

オイルパンはすでに取り外し、その内部を見分していますが、当該見分箇所がオイルパンを取り外した後の箇所であるということは、実況見分者だけが分かっていることです。

本事例の場合では、「シリンダーブロックの下に位置しているクランクケースに取り付けられていたオイルパンが取り外された箇所からクランクケースとシリンダーブロックの内部を見分すると」などの表現となります。

❻ 網掛け部分「吸排気バルブ（1本のピストンヘッド頂上部に…内蔵されており、…構成されている）」について

本書の中で何度か説明していますが、実況見分調書の客観的事実の記載には括弧書きを使用しません。

また、実況見分者が車両のメカニックに詳しいとしても、吸気バルブと排気バルブについて、ここでは、車両のアフターサービス担当の立会人Bに説明を求めるなど、確認するべきです。

本事例の場合では、「吸排気バルブを見分すると、1本のピストンヘッドの頂上部には4本のバルブが内蔵されている。ここで立会人のBに4本のバルブについて確認すると、『エンジンの前側の2本は吸気バルブで、エンジンの後側の2本が排気バルブです』と説明する。その」などの表現となります。

❼ 写真8について

写真8は、バルブホールを見分するため、ピストンヘッドの頂上部を取り外し、車両の前側を下にして見分して写真撮影をしているので、5番シリンダーが左の端に位置しています。ところが、今までは車両の前方から見分していたため、車両進行方向左側に位置していた5番シリンダーは、写真に向かって右側に位置していました。

このように部品や設備の一部を取り外し、見分をして写真を撮影する場合、左右は同じになり、前後が逆になるような状態で見分して写真を撮影するほうが理解しやすいうえ、他の写真との比較についても理解しやすい写真となります。

❽ 網掛け部分「吸気バルブ及び排気バルブを取り外し、状態を比較すると」について

　状態を比較する前に、取り外したバルブフェースの傘部の大きさ、ステムの長さ、直径を計測するとともに、その材質について立会人に確認することが必要です。
　ここでは、ステムの材質を確認していないため、原因の判定の項で「○○製のステムが傾いて」などの説明がありません。

❾ 網掛け部分「2本（吸気バルブ）のステム全体は5度傾き」について

　前記❻での説明と同様に、括弧書きは使用しません。
　本事例の場合では、「2本の吸気バルブを見分すると、両ステムは全体が5度傾き」などの表現となります。

❿ 写真10について

　写真10は、破損しているピストンヘッド、コネクティングロッド、ビッグエンド及びピストンリングを見分し写真撮影しています。しかし、ここでは、破損のない同型品を一緒に撮影して比較しながら見分すると、更に理解しやすい実況見分調書となります。

(4)　火災原因判定書
　当該火災事例の火災原因判定書のうち、出火原因の検討と結論についての項目の記載例を示します。

火災原因判定書

1　出火原因の検討
　本火災は、走行中に出火したものであり、出火箇所がエンジンルーム下部のエキゾーストマニホールドと考えられることから、エンジンルームからの出火について検討する。
(1) 電気関係について
　　　第2回実況見分調書1（1）アに記載のとおり、❶出火車両後部に設置されているバッテリーに焼きは認められないこと。
　　　また、同じく（2）に記載のとおりエンジンルーム内の各種電気配線にはスパークによる溶痕や断線も認められないことから、電気のスパークによる出火は考えられない。
(2) シリンダーブロックの破損によるオイルの漏えいについて
　　　第3回実況見分調書に記載のとおり、トランスミッションハウジングとエキゾーストマニホールドの中間に当たるアルミニウム合金製シリンダーブロックに破損して穴が空いている箇所が認められたことから、当該箇所からエンジンオイルが漏え

いし発火した可能性について検討する。
ア　第3回実況見分調書に記載のとおり、オイルパン内部を見分した結果、オートマチックトランスミッションフルードストレーナー隅の溝に折損したスモールエンド側のコネクティングロッドが認められたこと。

　また、当該車両のアフターサービスを行っている○○インポート株式会社から提出された資料によると、シリンダーブロックの材質はアルミ製合金で肉厚は3ミリメートル、折損していたコネクティングロッドの肉厚は19ミリメートルの鋳物品であることから、走行中にコネクティングロッドが折損すれば回転圧力により容易にシリンダーブロックが破壊する可能性が考えられること。

　エンジンの5個あるシリンダーのうち、エアークリーナーに一番近いシリンダーの吸気バルブのステムが傾いていたことから、当該シリンダーには想定以上に圧力が掛かっていたことが考えられること。

　吸気バルブのステムが傾いていたシリンダーの内部、吸排気バルブのヘッドが炭化していたことから当該シリンダーは焼き付いていたと考えられること。
イ　当日、焼損車両を運転していたAの供述によると、❷出火当日、高速道路を時速約100キロメートルで走行中に白煙及び異音に気が付いたと供述していること。

　また、1か月前の台風時に道路冠水場所を走行中、エアークリーナー内に水分が浸入し、走行不能状態になり、ディーラーの修理工場でオイル交換、エアークリーナーのフィルターの交換とフラッシング処理をしているが、エアークリーナーの本体は交換していないこと。

　これら一連の行動から考察して、フィルターは交換したもののエアークリーナーの本体を交換しなかったことから、エアークリーナーの本体内部に残っていた水分がエアークリーナーを介して吸気バルブ側からシリンダー内に浸入したことにより、吸気バルブのステムが変形するほど圧縮比が高まり、ピストンの燃焼室が規定の圧縮比をオーバーしながら走行していたため、シリンダーが焼きつき、コネクティングロッドに過大な圧力が掛かり折損したことが考えられること。
ウ　シリンダーブロックの破損箇所は2か所認められるがエンジン後側の破損箇所は、縦4.5センチメートル、最大幅2.3センチメートルの大きさであり、破損箇所の後方の23センチメートルの位置にエキゾーストマニホールドがあること。

　エンジンオイルをレベルゲージで確認したところ、規定量まで入っていなかったこと。

　エンジンの裏側のシリンダーブロックにオイルが付着していること。

　引用文献（○○○監修「火災調査○○○」）によると、❸高速走行時のエキゾーストマニホールドのエンジン接続部付近の温度は乗用車で690℃であり、❹エンジンオイルの発火点は315℃であることから、シリンダーブロックの破損箇所から❺高速運転中に圧力の掛かっているエンジンオイルが漏えい、飛散して、エキゾー

ストマニホールドに付着した場合に発火することは十分に考えられること。

2　結　論

　本火災は、A（〇〇歳）が運転する普通乗用車（〇〇〇、2,400cc）のエアークリーナー内に水分が残存していることに気付かず運転を続けて高速走行をしていたところ、エンジンの五つのシリンダーのうちの一つのシリンダーが水分によりシリンダー内の圧縮比が高まり、当該シリンダーの吸気バルブのステムが傾くほどになり、当該シリンダーが焼き付き、コネクティングロッドに過大な圧力が掛かり、コネクティングロッドが折損し、折損したコネクティングロッドがシリンダーブロックを破損させ、破損したシリンダーブロックからエンジンオイルが飛散して、付近の高温となっていたエキゾーストマニホールドに触れて発火し、出火したものと判定する。

項目解説

❶ 網掛け部分「出火車両後部に…バッテリーに焼きは認められない…各種電気配線には…溶痕や断線も認められないこと」について

　バッテリーに焼きは認められなくても、バッテリーから離れた箇所で配線が短絡しているほか、配線と車体、電気関係の部品と車体の間で短絡していることもありますので、各種電気配線は詳細に見分し、その結果を記載します。

　また、短絡箇所は、焼損の著しい箇所だけではありませんので、辿って見分することが必要です。

❷ 網掛け部分「出火当日、…白煙及び異音に気が付いたと供述していること」について

　白煙と異音に気が付いた状況は、質問調書を引用して、出火原因の判定のために具体的な供述内容として記載します。

　そのため、質問調書では、内容を具体的に録取することが必要です。

　本事例では、走行中にどこから見て、白煙がどこから出ていたのか、車両を停車してからはどこから出ていたか、煙の量と色は時間の経過で変化がなかったか、また、音は、どのようなものだったか、どこからしたか、聞こえたのは1回だけか、音がした後ブレーキやアクセルに変化はなかったか、などが具体的に録取された質問調書から、出火原因の判定に必要な箇所を引用します。

❸ 網掛け部分「高速走行時のエキゾーストマニホールドのエンジン接続部付近の温度」について

　文献を引用してその温度を提示していますが、文献を引用するほか、メーカーに焼損車

両のその部分の温度について確認し、必要があれば実験をさせることも必要となります。

車両ごとにエキゾーストマニホールドの温度が違うこともありますので、文献を引用するだけではなく、資料を収集して確認することも必要です。

❹ 網掛け部分「エンジンオイルの発火点は315℃である」について

これも、エンジンオイルの一般的な発火点を例示していますが、立会人にも、使用しているエンジンオイルのメーカーや製品名などを確認します。

立会人が、エンジンオイルの交換を修理業者やガソリンスタンドに依頼していれば、その店舗に焼損車両で使用していたエンジンオイルのメーカーと製品名などを確認し、使用されていたエンジンオイルの発火点についてエンジンオイルの製造、販売会社に確認するか、当該エンジンオイル製造会社等にエンジンオイルの資料の提出について協力を求めます。

エンジンオイルは、製品により、その発火点も違うため、当該車両で使用されていたものについて確認する必要があります。

やむを得ず使用しているエンジンオイルが特定できない場合には、標準の発火点を文献などから引用することがありますが、調査もしないで文献などを引用することはしません。

❺ 網掛け部分「高速運転中に圧力の掛かっているエンジンオイル」について

オイルパン内のエンジンオイルの圧力は、車種によるほか、運転状況によっても違うため、この圧力については質問調書で録取するか、メーカーから提出させる資料の中に記載させ、そこから引用する必要があります。

本火災事例では、「走行中のエンジンオイルには圧力が掛かっている」という先入観から、このことを確認していないと思われます。

* 火災事例の実況見分調書では、一部の図面のみ例示してありますが、実況見分は、案内図、配置図、平面図、拡大図、状況図等を必要により作成して添付することが必要です。

参考資料

1 火災の原因で上位を占める「こんろの使用放置」の火災原因判定書の例

第14号様式の2（第57条関係）

処　理　区　分	火　災　番　号
2号処理	No. 119

火災原因判定書（2・3号処理）

出火日時　平成○○年○○月○○日（日）　○○時○○分ころ
出火場所　K市○○区○○○丁目○番○号
（名称）　田舎料理「○○」
火元者　職業・氏名　△△　　A

上記の火災について，次のとおり判定します。

　　　　　　　　　　　　　　　平成○○年○○月○○日
　　　　　　　　　　　　　所　属　　○○消防署
　　　　　　　　　　　　　階級・氏名　消防△　○○　○○　印

発見状況	発見者　■占有者　□管理者　□所有者　□その他（　　　　　　　　） 住　所　K市○○区○○○丁目○番○号 職　業　○○　　氏　名　A　　70歳 　A（70歳）は、店内の厨房の都市ガスこんろに直径30センチメートルのステンレス製ボウル（以下「ボウル」という）を掛け加熱した後、客席の方で伝票の整理をしていた時に、食器棚のガラスに映る炎を見て厨房に行き、ボウルから約1メートルの炎が上がっている本火災を発見した。
通報状況	通報者　□占有者　□管理者　□所有者　■その他（　隣接店舗店主　） 住　所　K市○○区○○○丁目○番○号 職　業　○○　　氏　名　B　　△△歳 　出火建物北側に隣接して所在するスナック「△△」の店主Bは、店内に煙が入ってきたので外に出ると、田舎料理「○○」の屋根の下付近から白煙がでているのを見て、店内に戻り加入電話（○○○―○○○○）で「スナック△△ですが、隣の○○が燃えています」と119番通報した。
出火前の状況	火元　■建物　□車両（　　　　　　　　　）□その他（　　　　　　　　　） 構造　□木造　■防火　□準耐（木）　□準耐（非木）　□耐火　□その他 用途　店舗併用住宅　階数2階建　建築面積○○○m²　延面積○○○m² 関係者の行動等 　出火建物は、昭和○○年○月にC（64歳）が2軒の棟割住宅の新築建売の南側部分を購入し、1階で妻のAが田舎料理「○○」を営んでいる。 　出火当日、Aは、閉店後の○○時○○分ころ、ガムシロップを作るため、砂糖と水の入ったボウルを都市ガスこんろに掛けて伝票を整理していた。
	出火日時　平成○○年○月○日○○時○○分ころ 推定理由 　Aは、平成○○年○月○日○○時○○分ころにガムシロップを作るため、砂糖と

出火日時	水の入ったボウルを都市ガスこんろに掛け加熱し始めたこと。 　通報者のBは店内に煙が入ってきたので不審に思い外に出て、田舎料理「○○」の屋根の下付近から煙が出ているのを見て、店内に戻り119番通報をしたものであり、この通報を消防局警防部指令課指令センターでは○○時○○分に受信している。 　これらの関係者の一連の行動及び現場の模様から出火時刻を警防部指令課指令センターが覚知する7分前、即ち○○時○○分ころと推定する。
出火箇所	出火建物　田舎料理「○○」 出火階　　1階　　　出火室　厨房　　　出火箇所　厨房内の都市ガスこんろ 判定理由 　別添実況見分調書によると、本火災で焼損している建物は2棟あるが、「××」は、田舎料理「○○」に面する外周部の網戸1枚と配水管が若干変色しているのみで、田舎料理「○○」は1階の天井裏及び厨房等が焼損していることから、本火災の出火建物は田舎料理「○○」と判定する。 　田舎料理「○○」で焼きが認められるのは、1階の厨房内の1口都市ガスこんろ付近、レンジフード及び1階の天井裏部分約20平方メートルであり、こんろには炭化物が入ったボウルがあり、ボウルの後方の壁面がボウルから扇形に焼損していること。 　本火災の発見者Aは、ボウルから約1メートルの炎が上がっていたと供述していることから、本火災の出火箇所は1階厨房内の都市ガスこんろ上のボウルと判定する（添付図参照）。
出火原因判定の理由	店内に店主が居たことから外部者の放火は考えられない。 　Aは店舗の火災保険に加入しているが、補償額は動産、不動産併せて○○万円であり、特筆すべき金額でないこと。 　また、実況見分の立会い時及び質問調書録取時に挙動不審な点や曖昧な供述もないことから内部者の放火は考えられない。 　Aによると、○○時○○分ころ、こんろの火を中火にして、ボウルに砂糖2キログラムとその上に水を4センチメートル入れて加熱し、○○時○○分ころ出火していることから、水分は蒸発し、砂糖は着火温度の420度に達したことは十分に考えられること。 　一口ガスこんろはユンケル式バーナーで過熱防止装置はついていなかったこと。 　Aは質問調書で「ボウルから炎が約1メートルあがっていたので、とっさにこんろのコックを閉めた」と供述していること。
結論	本火災は、田舎料理「○○」の店主A（70歳）が1階店舗内の厨房でガムシロップを作るため、砂糖と水をステンレス製のボウルに入れ都市ガスこんろに掛けこんろの火を中火にしたままその場を離れたため、時間の経過とともに水分が蒸発し、砂糖の温度が上昇し着火温度に達し出火したものと判定する。

＊　火災の処理区分については「第1章、❷、2　火災原因判定書（2・3号処理）」(p.14)を参照してください。

出火箇所位置図

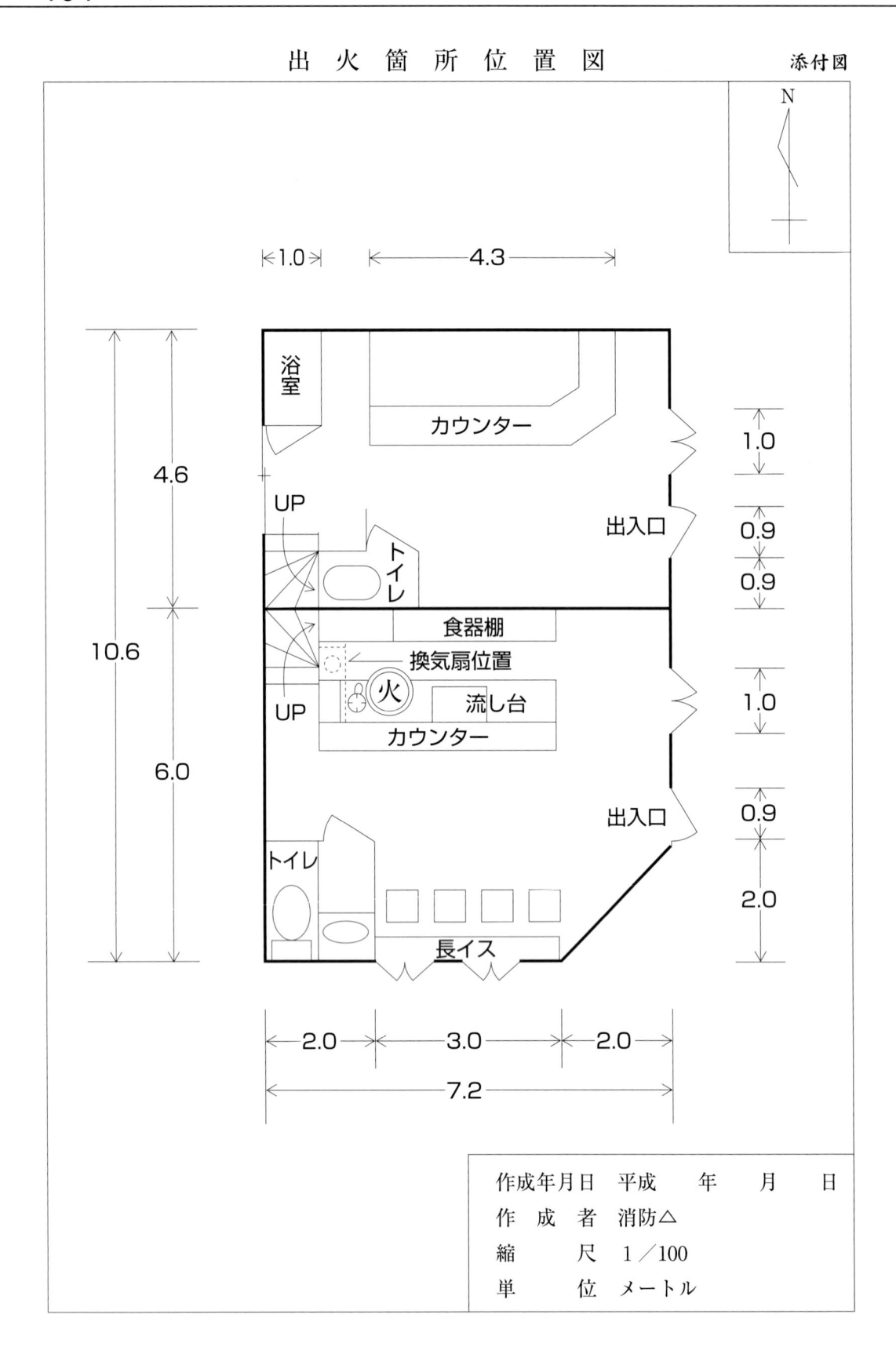

添付図

N

寸法：
- 横：1.0、4.3
- 縦右側：1.0、0.9、0.9、1.0、0.9、2.0
- 縦左側：4.6、6.0（合計 10.6）
- 下側：2.0、3.0、2.0（合計 7.2）

間取り表示：
- 浴室
- カウンター
- UP
- トイレ
- 出入口
- 食器棚
- 換気扇位置
- 火
- 流し台
- カウンター
- UP
- トイレ
- 長イス
- 出入口

作成年月日	平成　年　月　日
作成者	消防△
縮尺	1／100
単位	メートル

2 実況見分調書で使用する各材質の燃焼による変化を表現する主な用語

木　材	焦げる　炭化　炭化深度　炭のはく離（炭化模様の落下、はく離）　焼失
金　属	変色（○○色に変色している）　変形　座屈　湾曲　溶融
コンクリート・モルタル・タイル	煤の付着　生地の露出　表面材のはく離　タイルのはく離　コンクリート表面のはく離
ガ　ラ　ス	煤の付着　表面のはく離　ヒビ割れ　割れる　溶融 はく離や割れの大きさ（貝殻状、名刺大、はがき大等）
合成樹脂類	軟化　溶融　垂れ下がる　垂れる　焼失
塗　料　類	変色　発泡　灰化　焼失

3 代表的な消防図式記号

1 消防機関

種別	記号 形状	記号 線色	記号の表示の方法又は図例
消防本部	⊙	黒又は青	
消防署	⊙	黒又は青	
消防出張所	⊙	黒又は青	
消防団本部	△	黒又は青	
消防団分団本部	△	黒又は青	

2 水利関係

種別	記号 形状	記号 線色	記号の表示の方法又は図例
公設消火せん（地下）	○	赤	単口又は双口の区分を必要とするときは、双口に限り記号の上部に点を附記する。（例）
公設消火せん（地上）	⊙	赤	〃
私設消火せん（地下）	◎	赤	〃
私設消火せん（地上）	⊙	赤	〃
有がい貯水そう	▢	赤	容量は記号内にアラビア数字で㎥単位で記入する。（例）100 又は 40
無がい貯水そう	□	赤	

3 消防行動関係

種別	記号 形状	記号 線色	記号の表示の方法又は図例
出 火 点	㊋	赤	
飛 火 火 点	火(円)	赤	
現場指揮本部	⊖	青（黒）	
死 者 （男）	人型	赤	
死 者 （女）	人型	赤	
全 焼	■(網)	赤	構造、階層、延面積を必要とするときは、建築物関係の表示例を併用する。
半 焼	■(斜線)	赤	2階以上の焼損階層を表示する場合は、記号の右側に赤字のアラビア数字により傍記する。　（例）　■ 2 又は ■ 2・3
部 分 焼	□/	赤	記号の一部分を斜線とする。
水 損	□/	青	記号の一部分を斜線とする。

4 建築関係

種別	記号 形状	記号 線色	記号の表示の方法又は図例
木 造	⌐┐	青（黒）	階層及び延面積を表示する場合は、「特殊建物及び階層」の表示例を併用する。
防 火 造	⌐┐	青（黒）	〃
耐 火 造	□	青（黒）	〃
特 殊 建 物 及 び 階 層	⌂ 4 延面積	赤（黒）	階層はアラビア数字で記号内に黒又は青で記入する。ただし地階がある場合は分数式で分母を地階として記入する。　（例）　地上3階　地下1階　⌂ 3/1　500㎡

4 屋根の形状

① **陸屋根（平屋根）**
屋上にペントハウス（塔屋）やパラペット（雨水が外壁に流れること等を防ぐ）が設けられている。

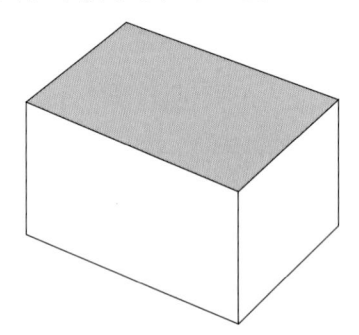

② **切妻**
屋根の最頂部の棟から二つの斜面がある山形の屋根
西日本に多く「真屋」とも呼ばれている。

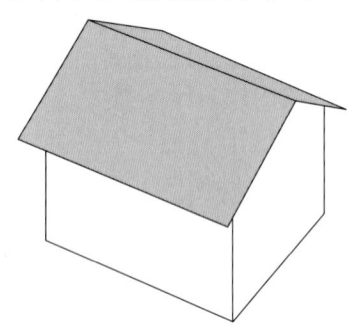

③ **寄棟**
4方向に傾斜する屋根面を持つ。
東日本に多く「東屋」とも呼ばれている。

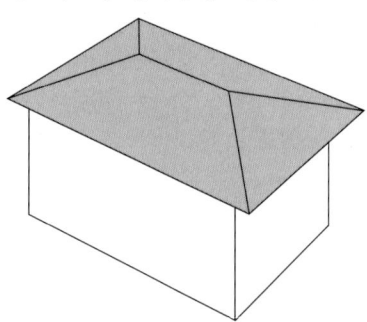

④ **片流れ**
屋根の斜面が1方向の屋根

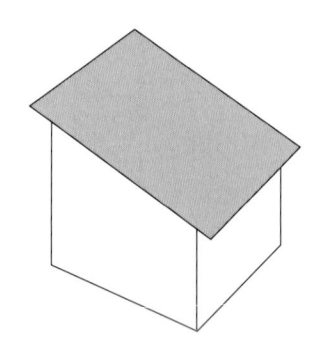

⑤ **鋸屋根**
工場等に多く見られる鋸の刃の形状をした屋根

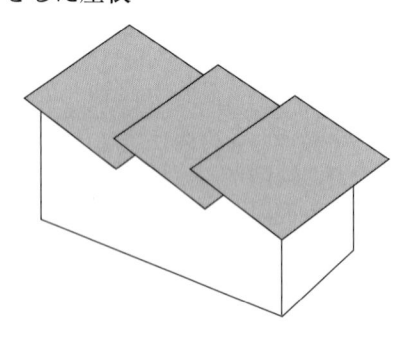

⑥ **M型屋根**
切妻屋根が二つ合わさったようなM型をした屋根

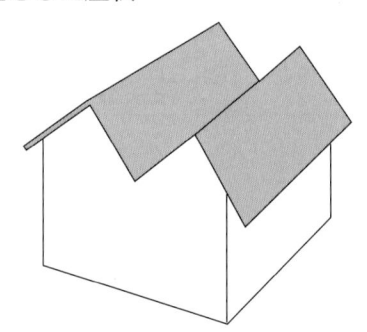

＊ 屋根の形状は気候風土により傾斜や材質が違います。また、神社仏閣は特殊な形状をしています。

5 木造住宅の各部の名称

(1) 小屋組
　　屋根を支える屋根裏の骨組み

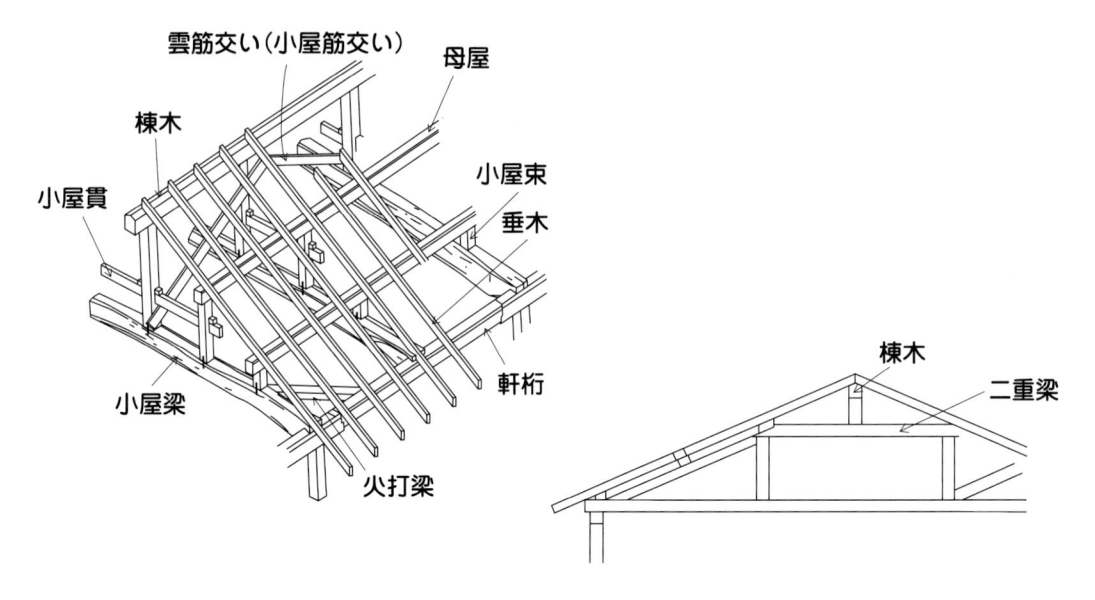

① **棟木**　小屋の頂部の桁行方向に取り付ける横木
② **母屋（もや）**　棟と平行して、垂木屋根材を支える横木
③ **垂木（たるき）**　屋根板を支える角材で、勾配に沿って、棟木、母屋、軒桁に掛け渡す部材
④ **軒桁**　軒の垂木（たるき）や小屋梁を支える水平材
⑤ **小屋梁**　軒桁を結び、建物の外側を引っ張る水平材（屋根の重さを柱に伝える。）
⑥ **二重梁**　上下二重にある上の梁
⑦ **小屋束**　母屋から上部の部材を小屋梁に伝える垂直材
⑧ **桁**　柱の上に横に渡して垂木（たるき）を受ける水平材
⑨ **雲筋交い（小屋筋交い、桁行き筋交い）**　桁方向に貫を斜めに貼り付けたもの
⑩ **火打梁**　小屋組の隅角に45度に取り付ける補強材
⑪ **小屋貫**　小屋組の縦材を補強するためにつなぐ横木
　　　　　　縦材に穴を開けて貫くように通す（3本以上の柱や束をつなぐのを「通し貫」という。「貫」は取り付けている位置により、天井貫、柱貫、樋貫等がある。）。

(2) 軸　　組
基礎と小屋組の間に位置している建物の骨組

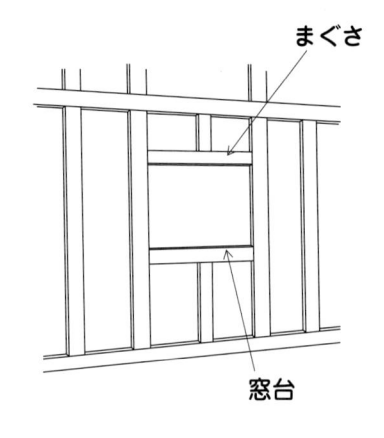

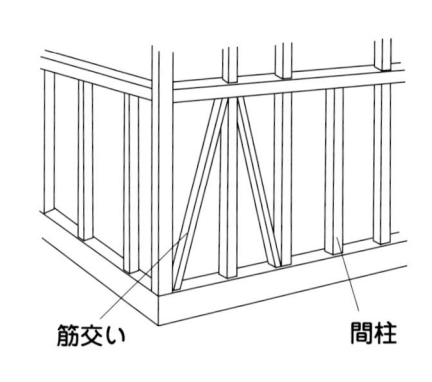

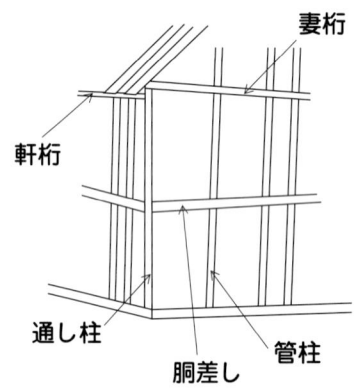

① **通し柱**　2階以上の場合、土台から軒桁までを一本の柱で通した柱
② **管柱**　各階の長さの柱（土台から胴差しまで、胴差しから軒桁まで）
③ **胴差し**　2階床の位置で柱を相互につないでおり、端が通し柱の胴に刺さっている水平材
④ **妻桁**　軒桁に対して、妻側に渡される水平材
⑤ **軒桁**　軒の垂木（たるき）や小屋梁を支える水平材
⑥ **梁**　棟の方向と直角に渡す横架材
　　　屋根の重さを柱に伝える梁を小屋梁、上部の床を支えるものを床梁と呼び、柱と柱の間に掛けられる。
⑦ **筋交い**　垂直、水平に組まれた軸組に対し、対角線上に斜めに入れた補強材
⑧ **窓台**　窓建具の下枠を取り付けるための水平材（軸組ではなく開口部）
⑨ **まぐさ**　窓建具の上枠を取り付けるための水平材（軸組ではなく開口部）
⑩ **間柱**　柱と柱の間で壁下地材を支持するために立てる二次部材（枠組でなく、壁体の一部）

(3) 床　　組

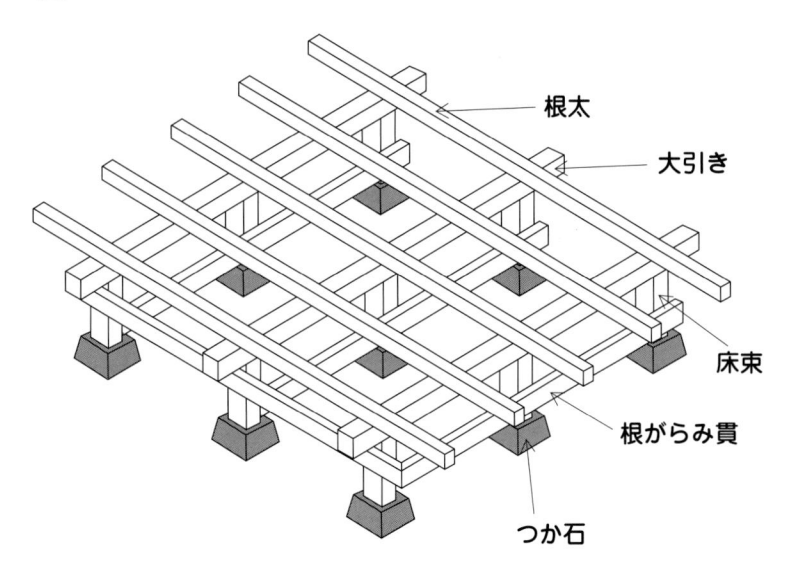

① **大引き**　一階の床を支える床材で根太を受ける部材
② **根太**　床板を支える横材
③ **床束**　一階の床を支える垂直材
④ **根がらみ貫**　一階床組の床下に設けられ床束などを相互に連結させる部材
⑤ **つか石**　大引きの下にある床束を支える部材
※　二階の床は、梁の間隔により、梁（大梁、小梁）、根太、桁を組み合わせる。

(4) 壁
① **真壁**　和室に用いられ、柱を化粧して仕上げる壁
　ア　**小舞下地真壁**
　　　竹小舞を下地として荒壁、中塗り、仕上げ塗りの順に仕上げた壁

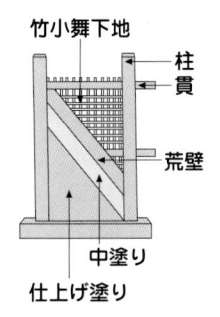

　イ　**ラスボード真壁**
　　　ラスボードを下地として、下塗り、中塗り、上塗りの順に仕上げた壁

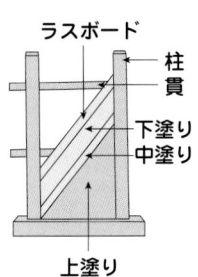

② **大壁** 洋風の室内で柱を隠して仕上げる壁

　ア **木胴縁プラスターボード大壁**
　　胴縁を等間隔に渡し、そこにプラスターボードを貼り付け、その上にクロスを張り仕上げた壁

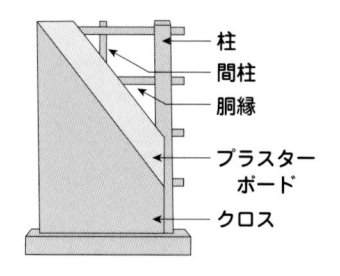

　イ **木胴縁ラスボード大壁**
　　胴縁の上にラスボードを張り下地として、下塗り、中塗り、上塗りの順に仕上げた壁で、付け柱をすると、和室の真壁のように見せる壁

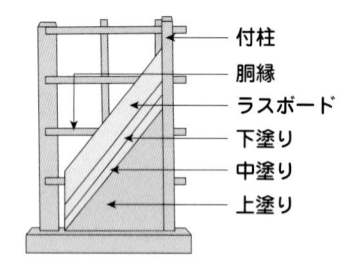

　ウ **木ずりラスモルタル壁**
　　木ずりの下地板に防水紙をはり、ワイヤラスやメタルラスを付けてモルタルで仕上げた壁（浴室に使用することが多い）

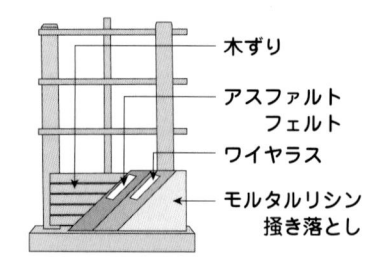

③ **校倉造** 木材を横に積み重ねた構造の壁（ログハウス）

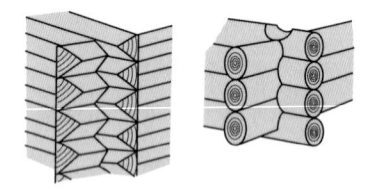

6 車両の部品名

(1) フロント部分

（車両の場合は、前後のことは「フロント、リア」と呼びますが、サイドの場合は「左、右」と日本語で呼ぶことが多い。）

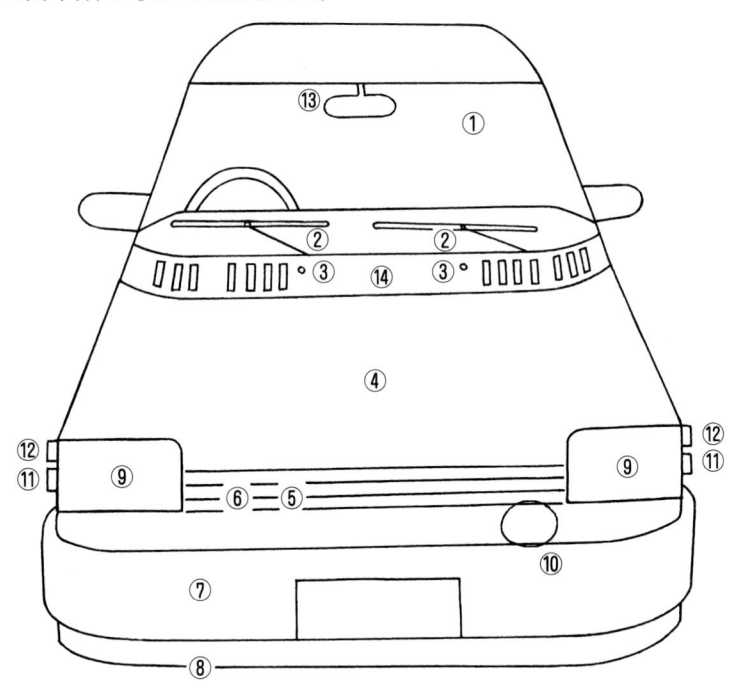

① フロントガラス、フロントウインドー
② ワイパー、フロントワイパー（ワイパーは、ワイパーアームとブレードに分かれる。）
③ フロントガラスウオッシャーノズル
④ ボンネット、ボンネットフード、エンジンフード
⑤ ラジエーターグリル
⑥ グリルガード
⑦ フロントバンパー（大型車等でバンパーが分割されている場合は、フロントバンパーセンター、フロントバンパー左〈右〉サイドバンパー）
⑧ エプロン、スカート
⑨ 前照灯、ヘッドライト
⑩ 補助灯、フォグランプ
⑪ フロントウインカー（ウインカーと車幅灯〈スモールランプ〉が一緒のものもある。）
⑫ フロント車幅灯、フロントスモールランプ
⑬ ルームミラー
⑭ トップカウル（ボンネットの後の部分）

(2) リア部分

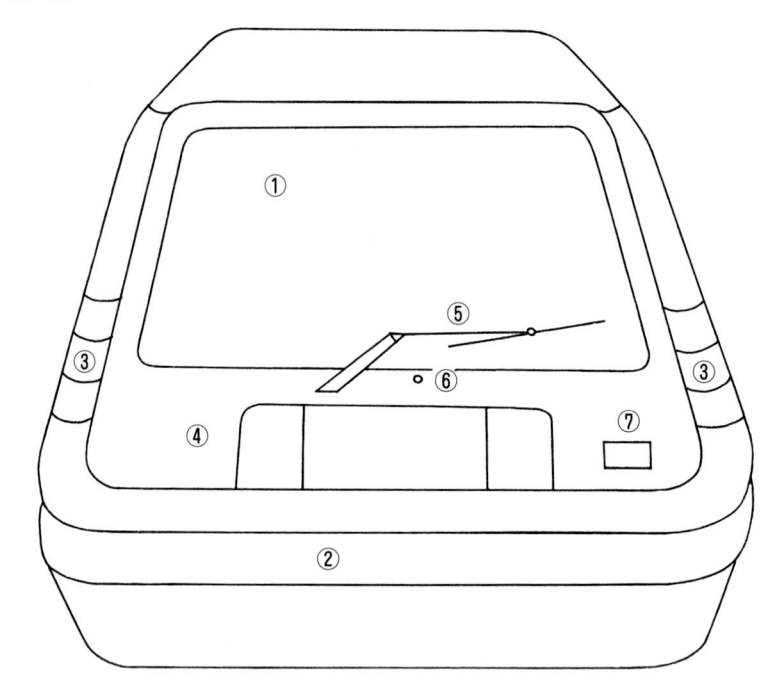

① リアガラス、リアウインドー（リアにドアがある場合はリアゲートガラス、バックドアガラス）
② リアバンパー（分割されている場合は、フロント同様）
③ リアコンビネーションランプ、リアテールランプ、ストップランプ、リアウインカー（リアのコンビネーションランプには、テールランプ、ストップランプ、ウインカーが一つのケースに入っているものもあり、一体となっているものはコンビネーションと呼ぶ。）
④ リアゲート、バックドア
⑤ リアワイパー（ブレード、ワイパーアーム）
⑥ リアウインドウオッシャーノズル
⑦ エンブレム

(3) 横側（各部品の前に右側、左側を付けます。なお、通常進行方向を向いて右、左と呼ぶ。）

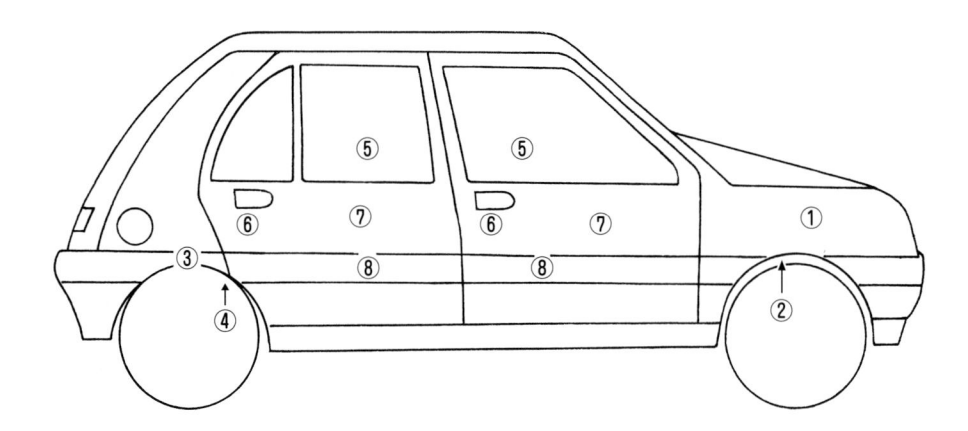

① フロントフェンダー
② フロントタイヤハウス
③ リアフェンダー
④ リアタイヤハウス
⑤ ドアウインドー、ドアガラス（バンタイプで3列目にシートがある場合や荷物室にガラスがある場合は、リアサイドガラス、3列シートのガラス、荷物室のガラス）
⑥ ドアウターハンドル（ドアの内側はドアインナーハンドル）
⑦ ドア、ドアパネル（ドアが複数ある場合は、前、後を付ける。）
⑧ ドアサイドモール（リアフェンダーの部分はリアフェンダーサイドモール）

(4) 運転席

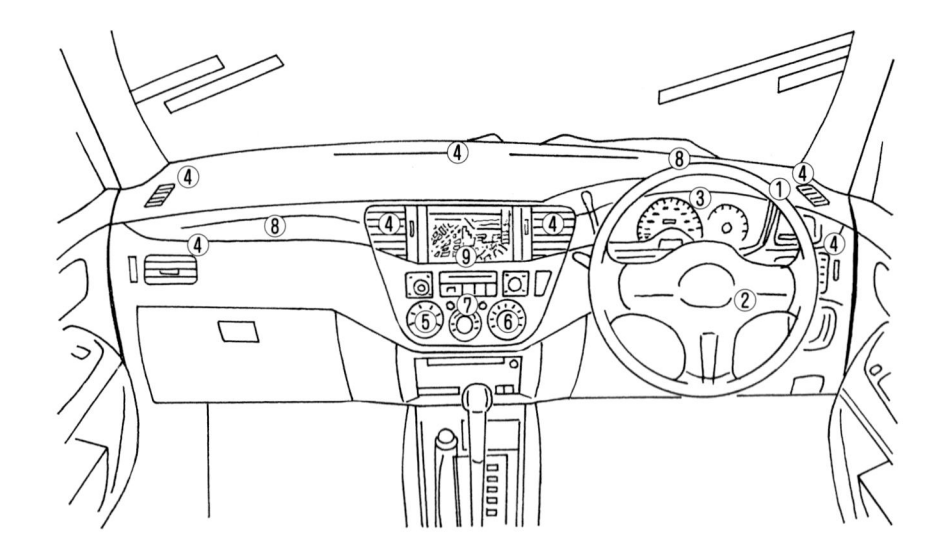

① ハンドル、ステアリング
② ホーンパッド
③ メーターパネル（速度計・回転計・水温計・燃料計・油圧計等の計器がある）
④ ベンチレーター、エアコンの噴出し口（ダッシュボードの中央、左端、右端）
⑤⑥ エアコンデショナーコントロール（車種によりファンのスイッチ、噴出し切替、温度調整、内気と外気の切替レバー等があり、これらが一体となっているものはコンビネーションレバーと呼ぶ。）
⑦ デフロスター
⑧ インストルメンタルパネル、クラッシュパッド
⑨ その他　カーナビゲーションシステム、オーディオコントロールパネル等

火災調査マイスターが伝授！！
事例でわかる火災調査書類の書き方

| 平成20年10月10日 | 初 版 発 行 |
| 令和 2年10月15日 | 初版13刷発行 |

編 著　調査実務研究会
発行者　星　沢　卓　也
発行所　東京法令出版株式会社

112-0002	東京都文京区小石川5丁目17番3号	03(5803)3304
534-0024	大阪市都島区東野田町1丁目17番12号	06(6355)5226
062-0902	札幌市豊平区豊平2条5丁目1番27号	011(822)8811
980-0012	仙台市青葉区錦町1丁目1番10号	022(216)5871
460-0003	名古屋市中区錦1丁目6番34号	052(218)5552
730-0005	広島市中区西白島町11番9号	082(212)0888
810-0011	福岡市中央区高砂2丁目13番22号	092(533)1588
380-8688	長野市南千歳町1005番地	

〔営業〕TEL 026(224)5411　FAX 026(224)5419
〔編集〕TEL 026(224)5412　FAX 026(224)5439
https://www.tokyo-horei.co.jp/

ⒸPrinted in Japan, 2008

本書の全部又は一部の複写、複製及び磁気又は光記録媒体への入力等は、著作権法上での例外を除き禁じられています。これらの許諾については、当社までご照会ください。
落丁本・乱丁本はお取替えいたします。

ISBN978-4-8090-2258-6